**복 있는 사람**

오직 여호와의 율법을 즐거워하여 그 율법을 주야로 묵상하는 자로다.
저는 시냇가에 심은 나무가 시절을 좇아 과실을 맺으며 그 잎사귀가 마르지 아니함 같으니
그 행사가 다 형통하리로다.(시편 1:2-3)

설교는 밥상을 차리는 것과 같습니다. 밥인 하나님 말씀을 맛있게 먹도록 해줄 예화나 적용, 유머와 같은 반찬도 있어야 합니다. 플랜팅가는 오늘의 설교자들이 주식뿐 아니라 반찬에도 신경을 써야 한다고 주장합니다. 그리고 그 재료를 어디서 얻고 어떻게 요리해야 풍성한 식탁을 차릴 수 있는지를 자세히 알려 줍니다. 이 책을 읽다 보면, 폭넓은 독서가 지혜롭고 재미있는 설교자가 되는 것을 어떻게 도와주는지 알게 될 것입니다. **신국원** 총신대학교 신학과 교수

여러 번 계속해서 듣고 싶은 설교, 마음에 깊게 와 닿는 설교, 듣는 사람의 상상을 뒤흔드는 입체적인 설교, 이런 설교를 할 수는 없을까? 플랜팅가는 이 책에서 자신의 설교를 획기적으로 바꾸어 놓은 독서 경험을 나눔으로써 이러한 고민들을 실제적이고 구체적으로 해결할 방향을 제시하고 있다. 복음을 깊으면서도 넉넉하게 선포하기 원하는 설교자라면 꼭 읽어야 할 책이다. **이원우** 미국 칼빈대학교 구약학 교수

이 책에는 두 가지 사실이 아주 명백하게 나타난다. 첫째, 플랜팅가는 어휘와 문장과 이야기를 사랑한다는 것이다. 그는 이것들을 기억하고 음미할 때 지속성 있는 힘을 지닌다는 것을 알고 있다. 둘째, 플랜팅가는 목회자들에게 관심이 깊다. 그는 목회가 얼마나 무거운 부담이며 또 얼마나 경이로운 일인지 알고 있고, 그래서 설교자들을 진심 어린 존경으로 대한다. 이 책 갈피갈피에서 설교자들은, 자신과 똑같은 소명을 이행하며 용기와 연민의 정과 기쁨을 발산하는 동료이자 같은 길을 가는 동지를 보게 될 것이다. **월터 브루그만** 컬럼비아신학교 명예교수

예수께서는 너희의 뜻을 다하여 하나님과 그 말씀을 사랑하라고 하셨다. 내가 아는 한 플랜팅가만큼 이 말씀을 잘 실천하는 사람은 없다. 그는 재미없거나 교훈이 없는 문장은 만들어 내지 못하는 재주가 있는 것 같다. 그에게서 더욱 훌륭한 설교를 위해 뜻을 모아두는 방법을 배울 수 있다는 것은 값으로 따질 수 없는 재산이다. **존 오트버그** 멘로파크장로교회 담임목사

설교자와 독서라는 그 아름다운 관계를 놀라운 방식으로 드러낸 수작이다. 플랜팅가는 설교를 풍성하게 하는 독서의 중요성에 대해 내가 생각하던 것 이상을 보여 주었다. 성경의 메시지를 방해하지 않으면서도, 효과적으로 하나님의 말씀을 대언하는 사역을 준비하는 이들이 "집어 읽어"야 할 최고의 책이다.

**케빈 벤후저** 트리니티복음주의신학대학원 조직신학 교수

플랜팅가는 위트와 지혜, 그리고 설득력 있는 문장으로 훌륭한 독서라는, 거친 물살을 타는 이 모험에 우리를 초대한다. 그는 설교라는 짐을 진 설교자들을 향해, 경건한 상상력과 에너지로 충만한 언어를 어디에서 찾아야 할지 궁금해하는 이들을 향해 직접적으로 이야기한다. 뿐만 아니라 그는 오래된 신앙의 어휘, 곧 죄·소망·구원·섭리 같은 말들에 굶주려 있는 모든 그리스도인들을 불러 모아, 위대한 문학작품의 생생한 은유와 풍성한 스토리와 효과적인 통찰에서 활기를 느끼게 해준다. 이 책은 즐거운 독서에 관한 책이며, 이 책을 읽는 것 자체가 하나의 즐거움이다.

**토머스 G. 롱** 에모리대학 캔들러신학교 설교학 교수

보물과도 같은 이 책은 위대한 문학작품으로 마음을 단장해야 할 설교자들에게 실제적인 도움을 제공한다. 플랜팅가는 목회를 향한 깊은 사랑과 안목과 재치와 인정에 최신 정보를 갖추었다. 설교를 하는, 그리고 설교를 듣는 모든 독자들의 귀를 열어 줄이 책을 기쁜 마음으로 추천한다. **플레밍 러틀리지** 버지니아신학교 명예신학박사

저자는 소설, 전기, 시, 기사 등을 가리지 않고 독서하는 설교자들이 더 좋은 설교를 하기 쉽다고 믿는다. 플랜팅가의 사려 깊고 재치 넘치는 글은 독자들이 그의 조언을 실천하도록 격려할 것이다. **「크리스채너티 투데이」**

설교자의 '벅찬 과제'에 대한 플랜팅가의 공감 어린 이해는, 설교 기량을 증진시키기 위한 그의 구체적 지침과 짝을 이루어, 초보 설교자와 베테랑 설교자 모두에게 소중한 자료집이 되어 주고 있다. **「퍼블리셔스 위클리」**

설교자의 서재

Cornelius Plantinga Jr.

# Reading for Preaching

# 설교자의 서재

코넬리우스 플랜팅가 Jr. 지음 | 오현미 옮김

복 있는 사람

설교자의 서재

2014년 5월 19일 초판 1쇄 발행
2014년 7월 15일 초판 3쇄 발행

지은이 코넬리우스 플랜팅가 Jr.
옮긴이 오현미
펴낸이 박종현

도서출판 복 있는 사람
주소 서울특별시 마포구 연남동 246-21(성미산로23길 26-6)
전화 02-723-7183, 7734(영업·마케팅) 팩스 02-723-7184
이메일 blesspjh@hanmail.net
등록 1998년 1월 19일 제1-2280호

ISBN 978-89-6360-133-5 03230

이 도서의 국립중앙도서관 출판시도서목록(CIP)은
서지정보유통지원시스템 홈페이지(http://seoji.nl.go.kr)와 국가자료공동목록시
스템(http://www.nl.go.kr/kolisnet)에서 이용하실 수 있습니다. (CIP 제어번호:
2014014531)

Reading for Preaching
by Cornelius Plantinga Jr.

그 누구보다 열정적이고 총명하게 책을 읽고,

그것을 놀라운 설교로 담아내며, 수십 년 동안

"닐, 이 책 읽어 봤는가? 저 책은?"

지금도 묻고 있는,

사랑하는 친구 잭 루다(Jack Roeda)에게.

잭, 나도 자네에게 뒤지지 않게 노력중이네.

그리고 이 책이 그 증거라네.

# 머리말

설교자는 대개 신학자에게서 신학을 배운다. 왜 아니겠는가? 훌륭한 신학자는 창조·타락·구속·종말(완성)에 얽힌 모든 신비를 통해 하나님과 세상에 대해 깊이 사고한다. 그러고 나서 그 사고의 결실을 책으로 펴내, 우리가 원하는 만큼 열매를 모아들일 수 있게 한다. 아우구스티누스, 안셀무스, 아퀴나스, 칼빈, 슐라이어마허, 바르트를 비롯해 그 외 수많은 이들이 설교자에게 제공하는 자양분은 40년을 설교해도 다 소진되지 않을 것이다. 마음의 참 본향 문제에 관한 한 아우구스티누스를 능가할 사람이 누구일 것이며, 덕(德)의 문제에 관한 한 아퀴나스를 능가할 사람이 누구이겠는가? 근엄하기 짝이 없는 칼빈이 그렇게 아름다운 기도문을 쓸 수 있었으리라고 생각한 사람 누구이며, 자유주의 신학—그것도 **까다로운** 자유주의 신학—의 아버지 프리드리히 슐라

이어마허가 자기 아들의 장례식에서 복음을 그토록 간결하고 강력하게 설교할 수 있으리라고 생각한 사람 누구이겠는가?[1] 사람들은 칼 바르트 신학의 넓은 폭과 수많은 이론을 생성시키는 그 시야를 칭송하지만, 설교자가 바르트의 성경 색인에서 주일 설교 본문이 될 만한 구절을 검색만 해도 그는 남들보다 앞서 나갈 수 있을 것이다. 바르트의 상상력은 다른 그 누구도 깨닫지 못한 가능성을 제시하고 있기 때문이다.

위대한 신학자들은 평생학습 습관을 들이라고 설교자들에게 권고한다. 예를 들어 그들은 이런저런 문제에 의문을 품는 자세로 들어가 한동안 그대로 머물 것을 권면한다. 우리가 하나님의 마음을 아프게 할 수 있을까? 아프게 할 수 없다면 하나님이 어떻게 우리를 불쌍히 여기사 용서하실 수 있다는 것인가? 아프게 할 수 있다면 하나님의 내면 상태를 우리 마음대로 할 수 있다는 것인가? 인내 같은 덕목은 어떻게 성령의 열매인 동시에 인간에게 주어진 명령일 수 있는가? 죄는, 다른 많은 피해 외에도, 어떻게 해서 일종의 자기학대일 수 있는가? 하나님은 예수 그리스도의 대속적 희생에서 정확히 무엇을 얻으시는가? 예수님이 정말로 무죄無罪하셨다면, 제자들의 배신행위를 비통해 하거나 사랑하는 사람들이 자신을 등한시하는 것을 절대 애통해 하신 적이 없다면, 그래도 우리는 예수님 안에서 하나님이 우리와 운명을 같이하신다고 말할 수 있는가? 간구하는 기도는 어떻게 역사하며, 누구를 위해 역사하는가? 은혜가 때로 징벌보다 더 치명적인 이유는 무엇인가?

생각하는 설교자라면 옛 책들이 꽂혀 있는 서가에서 신학적 안내를 받으려 할 뿐만 아니라 현대 서적도 그냥 지나치지 않을 것이다. '이해를 추구하는 신앙'faith seeking understanding이라는 주제라면 캔터베리의 안셀무스도 있지만 프린스턴의 데니얼 밀리오리 Daniel Migliore도 있다.[2] 생각하는 설교자는 자신의 신학 안으로 계속해서 신선한 물이 흘러들어 오게 한다. 재치 있는 설교자라면 성실한 농부 로버트 프로스트Robert Frost(미국의 시인. 뉴햄프셔의 농장에서 생활하면서 그 지방의 아름다운 자연을 맑고 쉬운 언어로 표현했으며, 자연 속에서 인생의 깊고 상징적인 의미를 찾으려 했다—옮긴이)처럼 늘 밖에 나가 "목장의 샘을 청소하려" 할 것이다.[3]

설교자가 이 임무를 수행할 때 신학자는 헤아릴 수 없이 큰 도움이 되지만, 소설가·전기 작가·시인·언론인도 마찬가지다. 신학자와 마찬가지로 이들도 죄와 은혜, 속박과 구속, 슬픔과 기쁨, 정의에 대한 갈망 등에 대해 글을 쓴다. 글쓴이가 반드시 그리스도인이어야만 설교자에게 가르침을 주는 것은 아니다. 칼빈이 말했다시피, 성령께서는 잡다하게 진리를 흩뿌리시고, 연구하는 설교자는 어딘가 뜻밖의 장소에서 그 진리를 찾아낼 것이다.

일반 독서 프로그램은 그 신학적 유익 외에도 여러 가지 이유로 설교자의 흥미를 끈다. 순수한 즐거움도 그 이유 중 하나다. 글쓴이의 세상으로 들어가, 한동안 그 세상에 머물면서 그 세상을 사랑하다가 때가 되어 아쉬워하며 떠나오는 경험에는 독특한 즐거움이 있다. 『해리 포터』(*Harry Potter*)의 세상으로 들어간 설교자는 상상력이 자극되는 것을 느낄 것이며, 이는 독서 프로그램이 주는 또 하나의 유익이다. 설교 시간에 이따금 올빼미가 편지를 전해 주기 시작한다면 어떻겠는가? 어둠 속에서 볼드모트가 어렴풋이 모습을 드러낸다면, 위즐리 일가가 그 훈훈한 분위기를 좀 퍼뜨려 준다면? 그러면 우리 설교자들은 열세 살 교우들과 더 빨리 친해질 수 있을 것이고, 이어서 그 아이들의 엄마 아빠 그리고 할아버지 할머니와도 친해지게 될 것이다.

이 책에서 나는 일반 독서 프로그램의 이러한 유익들을 설교자에게 제시하고자 한다. 좋은 책은 즐거움을 안겨 주며, 설교자는 죄책감 없이 이런 독서를 즐길 수 있어야 한다. 즐거움도 하나님께서 주시는 샬롬의 일종으로, 즐거움의 세계로 들어가는 설교자는 하나님과 함께 그 세계로 들어가는 것이다.

소설가·전기 작가·시인·언론인은 설교자를 위해 이외에도 많은 일을 해줄 수 있다. 좋은 책은 설교자의 첫 번째 도구인 언어에 대해 설교자의 귀를 조율해 준다. 하루에 시 한 편씩을 읽고 음미하는—어쩌면 개리슨 케일러<sup>Garrison Keillor</sup>의 『작가 연감』(*The Writer's Almanac*)을 보면서[4]—설교자는 아름다운 표현에 귀를 열게 될 것이고, 자신의 말투를 보강할 수 있을 것이며, 자신의 샘에 날마다 신선한 이미지들을 차곡차곡 비축해 두게 될 것이다(개리슨 케일러는 미국의 라디오 쇼 '프레리 홈 컴패니언'을 만들어 30년 넘게 이끌어 온 진행자이자 다수의 저서를 가진 작가일 뿐만 아니라 「타임」지 등에 에세이와 리뷰를 기고하는 문장가다—옮긴이). 아침 식사 전에 이런 시간을 가진다면, 시인이 인간의 상태에 대해 무엇을 노래했든 하루 동안 그것을 반추해 볼 만한 재료가 생긴다.

뿐만 아니라 일반서적 독서는 가장 정선된 설교 예화를 제공해 줄 수 있다. 특히 이러한 예화는 활자를 통해서든 아니든 설교자가 자기 주변에서 일어나는 모든 일들에 관심을 갖고 집중하는 연습을 한 데 따르는 열매다. 앞으로 살펴보겠지만, 예화를 얻는다는 것은 까다로운 일이어서, 예화만을 얻기 위한 목적의 독서는 아마 그다지 좋은 생각이 아닐 것이다. 그렇지만 기민한 설교자라면, 감동적인 글을 읽고 무언가 눈에 띄는 부분이 있으면 나중에 필요할 때를 위해 갈무리를 해두고 책을 덮을 것이다.

폭넓은 독서를 하는 설교자가 누릴 수 있는 무엇보다 큰 유익은, 지혜로워질 수 있는 기회가 주어진다는 것이다. 세상에 설교자만큼 큰 도전을 받는 이들도 별로 없다. 온갖 부류의 사람들이 다 모인 청중 앞에 서서 매주 하나님 · 삶 · 죽음 · 죄 · 은혜 · 사랑 · 미움 · 소망 · 절망 그리고 예수 그리스도의 수난과 부활 등 인류가 알고 있는 가장 거창한 주제들에 대해 호감 가는 태도로 이야기를 풀어 나가야 하는 사람이 어디 있는가? 이런 도전 앞에 비슷하게나마 준비를 갖추었다고 할 수 있는 사람이 누구인가?

그런 사람은 없다. 그러나 이 도전을 받아들이는 설교자는 하나님께서 앞서 창조하신 생각 깊은 작가들을 통해 이 엄청난 주제들에 관한 지혜를 얻을 기회를 누린다.

2002년 어느 날, 칼빈 대학의 두 동료 수잔 펠치, 존 윗블릿과 대화를 나누던 중 두 사람은 이후 내 인생을 바꾸어 놓을 한 가지 제안을 했다.[5] 제안 내용인즉 이듬해 칼빈 대학에서 열릴 여름 세미나 프로그램(당시 수잔이 총괄하던)에서 내가 '설교를 위한 독서'Reading for Preaching를 주제로 한 강좌를 열면 어떻겠느냐는 것이었다.

그 말을 듣자마자 나는 온통 그 생각에 사로잡혔다. 내가 수십 년간 확신해 온 것이 하나 있었는데, 설교자는 성경 지식과 신학교 교과목 주제에 대한 지식 다음으로 일반 독서 프로그램에서도 큰 유익을 얻을 수 있으리라는 것이었다. 거기에는 소설·시·전기·기사 그리고 그 밖의 많은 글들이 포함될 것이다. 물론 설교자는 흔히 이런 자료에서 예화거리를 찾아낼 수도 있다. 예를 들어 티모시 켈러Timothy Keller나 플레밍 러틀리지Fleming Rutledge, 존 부캐넌John Buchanan 같은 사람의 설교에 익숙한 이들은 이 설교자들이 얼마나 재치 만점의 예화를 찾아내는지 잘 알 것이다. 그러나 오로지 예화만을 찾기 위해서 하는 독서는 노동과 거의 다를 바 없다. 그러한 독서를 하다 보면 요점을 잃은 것 같은 기분이 든다. 마치 성경이 초록색과 빨간색에 대해 뭐라고 말하는지 그것만 알아보려고 성경을 읽는 것 같은 그런 기분 말이다. 나는 좀 더 고상한 이유를 위해 소설과 기사를 읽고 싶다. 글 속에서 어떤 사건이나 통찰 혹은 이야기가 벌떡 일어나, 설교할 때 자기를 끼워 넣어 달라고 간청하는 그런 독서 말이다.

이런 고상한 이유에 관해서는 나중에 더 살펴보기로 하자.

2003년 여름, 제1회 '설교를 위한 독서' 세미나가 열리면서 스무 명의 설교자가 4주 동안 칼빈 대학 캠퍼스에 모였다. 우리는 존 스타인벡John Steinbeck의 『분노의 포도』(The Grapes of Wrath)를 읽으면서 마 조드Ma Joad와 그녀의 자식들이 미국 대공황 중에 오클라호마에서 캘리포니아 중앙 계곡으로, 꿈이 시들어 가고 가슴이 무너져 내리는 계곡으로 이주해 가는 과정을 따라가 보았다. 우리는 린든 베인스 존슨Lyndon Baines Johnson(미국 38대 대통령―옮긴이)의 상원의원 시절을 그린 로버트 카로Robert Caro의 책을 읽으면서, 1949년부터 1956년까지 존슨이 온갖 술수를 다 동원해 상원에 제출된 공민권법 법안 통과를 철저히 저지하다가 1957년에는 역시 온갖 술책을 다 동원해 최초의 공민권법 법안을 8년 만에 통과시킨 일을 깊이 생각해 보았다.[6] 우리는 앤 라모트Anne Lamott의 『마음 가는 대로 산다는 것』(Traveling Mercies)을 읽으며 그녀의 세상, 라모트의 세상, 이상하리만치 되는 것 하나 없는 세상으로 들어가 보았다.

어느 날 수잔 펠치가 우리 세미나실을 찾아왔다. 수잔은 시詩라는 말만 들어도 고개를 내젓는 우리를 진정시키며 로버트 프로스트와 제인 케년Jane Kenyon의 시에 담긴 힘과 아름다움을 탐구해 볼 것을 권했다. 수잔은 시인과 설교자는 닮은 데가 많다고 가르쳐 주었다. 시인도 설교자처럼 많은 것을 단 몇 마디 말에 담는 법을 연구한다고 말이다.

어느 날은 게리 슈미트$^{Gary\ D.\ Schmidt}$가 우리를 찾아왔다. 그의 방문 목적은 뛰어난 아동문학서에서 느낄 수 있는 기쁨을 우리에게 소개해 주려는 것이었다. 게리 역시 칼빈 대학 영문학과 교수로, 어린이들을 위한 소설을 쓰고 있는, '뉴베리상'$^{Newbery\ Awards}$ 수상 작가다. 남성이 대부분인 중년의 설교자들인 우리는 그렇게 저마다 어린이책을 한 권씩 들고 앉아 마치 어린아이가 된 듯 책 속에 깊이 빠져들며 그 안에 담긴 경이로움을 파고들기 시작했다. 게리가 우리에게 일깨워 준 사실은, 어린이를 위해 쓴 책이라고 해서 오로지 어린이만을 위한 것은 아니라는 점이다. J. R. R. 톨킨$^{Tolkien}$이 간파했다시피, 이 책들은 어린아이 같은 사람들, 예수께서 귀히 여기셨던 그런 부류의 사람들을 위해 쓰인 책이다.

2003년 이후 나는 '설교를 위한 독서' 세미나를 해마다 열고 베일러 대학 동료인 W. 헐릿 글로어$^{Hulitt\ Gloer}$, 칼빈 신학교 동료 스캇 호지$^{Scott\ Hoezee}$와 함께 프로그램을 운영했다. 두 사람 모두 2003년의 원년 세미나 때 참석한 이들이었다.[7] 우리 세 사람은 지금까지 북미 전역에서 모인 수백 명의 세미나 연구생들 및 설교자들과 자리를 함께했다. 우리는 함께 앉아 책을 읽은 다음 설교자가 왜 책을 읽고 싶어 하는지 그 이유를 따져 보았다.

이 세미나는 내 삶을 변화시켰다. 30년이 넘도록 신학을 가르쳐 왔지만, 설교자들이 일반서적을 읽으며 경이로워하고 그 경이로움으로 자신의 설교를 견고하게 만들 방법을 궁리하는 모습을 지켜볼 때만큼 큰 기쁨은 없었다. 하나님의 일반 은총에 대해 나에게 무엇보다도 큰 가르침을 준 것은, 하나님을 전혀 알지 못하는 사람들이 자기 책에 수많은 경이를 써넣었다는 사실이었다.

2012년 나는 박사학위를 받은 학교인 프린스턴 신학교의 워필드 강좌Warfield Lectures(애니 워필드를 기념하여 개설된 강좌로, 애니는 1887년부터 1921년까지 프린스턴 신학교에서 신학 교수를 지낸 벤저민 워필드의 아내다—옮긴이)에서 강연을 했다. 이언 토런스 총장을 비롯해 사랑하는 나의 논문 지도교수 데니얼 밀리오리 교수와 학생들, 그리고 교직원을 포함한 학부 구성원들 모두가 감격스러울 만큼 우리 부부를 환대해 주었고, 나는 깊은 감사를 느꼈다. 이 책과 마찬가지로 그 강연에도 '설교를 위한 독서: 소설가 · 전기 작가 · 시인 · 언론인과 대화하는 설교자'라는 제목이 붙었다. 나는 프린스턴에서 나흘 밤낮을 지내며 학생들과 교수들에게 설교를 위한 독서의 유익을 열심히 선전했다. 그들의 반응으로 미루어 보건대 내 선전은 효력이 있었던 것 같다.

워필드 강좌에서 강연한 내용을 수정 · 보완하여 이제 이 작은 책자를 내놓는 것은, 위대한 작가들과의 대화에 여러분을 초대하고 싶어서이다. 이 대화에 참여한다면, 어쩌면 여러분의 삶이 달라질지도 모른다.

# {1장} 대화로의 초대

설교란 교회에게서 권한을 받은 사람이 특정한 때에 특정한 사람들에게 하나님의 말씀을 제시하는 것이라고 정의해 보자. 설교 때 전해지는 하나님의 말씀은 각기 다른 장소와 시기에 각기 다른 여러 계층의 사람들을 향해 말한다. 그러나 어느 경우든 설교는 성경이 관심을 집중하는 곳, 즉 예수 그리스도 우리 주님의 화목 사역, 특히 그분의 죽음과 부활을 통한 화목 사역에 초점을 둔다.

이 사실을 중심으로 여러 가지 중요한 질문이 생겨나는데, 가장 핵심적인 질문은 이것이다. "설교자는 성경 본문을 설교하는가, 아니면 복음을 설교하는가?" 설교자가 어느 날 선택한 본문에 복음의 내용이 그다지 많이 담겨 있지 않은 것처럼 보인다고 해보자. 이를테면 이날 본문은 하나님께서 악한 자를 어떻게 처리하시는지에 대한 경고를 담고 있는 말씀이다. 혹은 인간 역사가 끝나지 않는 한 결코 끝나지 않을 것으로 보이는 족보 부분일 수도 있다. 욥기에 등장하는 동물학 순례 부분일 수도 있고 지혜에 관한 오래 곰삭은 말씀일 수도 있다. "마땅히 행할 길을 아이에게 가르치라. 그리하면 늙어도 그것을 떠나지 아니하리라." 이는 잠언 22:6 말씀으로, 오랜 세월 동안 영어권 신자들에게 이 말씀은 일종의 자녀 교육 헌장이었다.

본문을 설교할 것인가, 복음을 설교할 것인가? 유대인 회당에서도 거리낌 없이 전할 수 있는 그런 설교를 할 것인가? 아니면 잠언 22:6 어디에선가 복음을 찾아낼 것인가? 설령 그 말씀에 복음이 없는 것처럼 보일지라도? 아니면 잠언 22:6은 그냥 건너뛸 것인가? 아니면 신약성경만 정경으로 인정하는 마르시온주의 Marcionism로 개종하고 구약성경은 아예 접어 버릴까? 이도 저도 아니라면 어떻게 해야 할까?

물론 이럴 때 개정판 공동 성구집Revised Common Lectionary(신구약성경을 교회력에 따라 배치한 성경읽기표. 가톨릭과 일부 개신교에서 사용한다. 가해Year A Readings, 나해Year B Readings, 다해Year C Readings로 해를 나누고 각 해마다 다른 내용의 성구집을 사용한다—옮긴이)이 설교자에게 도움이 되는 경우가 많다. 비록 잠언 22:6의 경우 성구집이 바로 그 부분만 쏙 빼고 1-2절과 8-9절만 나해Year B 18고유문Proper(교회력의 전례주년이나 성인기념일 등 특별한 행사에 따라 바뀌는 기도문과 전례문—옮긴이)으로 싣고 있기는 하지만 말이다. 그래서 이 유명한 구절에 대해 이야기하고 싶은 설교자는 이 말씀에서 나름대로 복음을 찾아내고 신약 서신서에서 이와 병행하는 구절을 찾아내야 할지도 모른다. 그리고 가정의 따사로움과 웃음은 학대와 마찬가지로 대물림되며, 이 따사로움과 웃음이 음향효과를 일으켜 심지어 설교자의 자녀들에게까지 은혜의 복음이 그럴듯하게 들리고 공감을 일으킨다는 것을 교인들과 더불어 곰곰 생각해 보게 될지도 모른다.

본문을 설교할 것인가, 복음을 설교할 것인가? 어느 쪽이든, 설교자는 여타 신자들과 마찬가지로 하나님의 말씀을 듣는 자이며, 또 좋은 설교가 지니는 힘은 이런 식으로 설교의 진정성에서 나오기도 한다는 것이 나의 생각이다. 설교자는 단순히 하나님의 말씀을 전하는 사람이기만 한 것이 아니라 그 말씀을 듣는 사람이기도 하다. 전하는 사람이기 이전에 듣는 사람인 것이다. 설교자가 주일 설교를 준비하며 성경을 읽을 때 그에게서 먼저 어떤 기대감 같은 것이 느껴지는 이유가 바로 그것이다. 그는 하나님께서 이제 곧 하실 말씀에 대해 좋은 영감이 떠오른 것이다.

진정성 있는 설교는 설교자가 인격적으로 헌신한 설교다. 교회 강단은 설교자의 감정이 개입되지 않는 무심한 곳이 절대 아니다. 설교자도 여타 신자들과 마찬가지로 복음의 진리에 이해관계를 갖기 때문이다. 사실 설교의 메시지는 궁극적으로 설교자를 **통해서** 올 뿐 설교자에게서 오는 것이 아니며, 이 메시지는 그것을 보내시는 바로 그 하나님께 초점을 맞춘다. 사도 바울의 말처럼 "우리는 우리를 전파하는 것이 아니라. 오직 그리스도 예수의 주 되신 것……을 전파"하는(고후 4:5) 것이다.

예수 그리스도가 설교의 중심이지만, 좋은 설교 과정에는 중심에 이르는 여러 가지 경로가 있으며 이 경로는 당연히 그날 본문에 따라, 특히 그 본문이 무엇을 **하느냐**에 따라 결정된다.

## 본문이 하는 대로 행하고 말하기

관행적으로 말해서, 본문을 설교한다는 것은 본문이 하는 것what the text does을 다른 말로 되풀이하는 것이다. 그래서 본문에 따라 설교자는 어느 주일에는 청중에게 정보를 제공하고 그 다음 주일에는 청중에게 도전을 던질 수도 있다. 본문에 따라 찬양을 하기도 하고 애통해 하기도 하며 안심을 시키기도 한다. 복음을 설교할 때에는 흔히 청중을 안심시키는 경우가 많다. 지혜에 관한 본문을 선택했을 경우 설교자는 강단에서 우리에게 조언을 줄 수도 있다. 성실한 설교자는 때로 우리를 분개하게도 할 것이다. 그가 택한 본문이 그 정도로 도발적이라면 말이다. 무엇인가에 대해 의문을 나타내는 본문일 경우 설교자는 반복되는 하나의 질문에 설교 대부분을 할애하면서 본문의 분위기를 그대로 따라갈 것이다. 예를 들어 "누가 이 사람의 이웃으로 드러났습니까?" "주님, 왜 그리 멀리 계십니까?" "오실 그분이 당신입니까, 아니면 우리가 다른 사람을 기다려야 합니까?"라고 말이다.

어느 경우든, 설교자가 하는 일은 단순히 본문을 되풀이하는 것이 아니라 회중이 그것을 잘 알아들을 수 있게 만드는 것이다.

설교자는 '본문이 하는 것'을 다른 말로 되풀이하기만 하는 것이 아니다. 그는 본문이 하는 말을 다른 말로 표현하되 화려하게 꾸미기도 하고 간단하게 요점만 말하기도 하며, 청중들이 본문 설교를 들으며 하나님의 말씀을 듣는 그런 방식으로 본문이 하는 말을 구체화시키고 색깔을 입히고 부연 설명한다.

바로 여기서 설교자가 사용하는 예화 자료가 그 역할을 시작하며, 회중이 설교자가 독서 때 얻은 것들을 만나게 되는 가장 분명한 지점이 바로 이 부분이다. 설교자가 작가의 말을 그대로 인용하든, 의역을 하거나 요약을 하든, 혹은 그저 암시만 하든, 이런 식으로 해서 작가 플래너리 오코너Flanner O'Conner가 주일 설교에 모습을 드러내게 되고, 위대한 전기 작가 윌리엄 맨체스터William Manchester가 쓴 윈스턴 처칠 전기, 시인 제인 케넌의 가슴 저린 시구詩句, 감히 아무도 파헤칠 수 없었던 러시아 공직자들의 부패한 삶과 그것을 알리는 언론인들에 대한 잔혹한 탄압상을 연속 보도하여 퓰리처상을 수상한 클리포드 J. 레비Clifford J. Levy와 엘런 배리Ellen Barry의 시리즈 기사를 설교에서 만날 수 있는 것이다.[1]

### 멋진 설교?

처음부터 여러분은 궁금했을지 모른다. 우리가 **원하는** 것이 설교자가 시인이나 작가 같은 사람들과 대화하는 것인지. 설교자가 그런 사람들과 대화한다고 하면 평범한 사람들에게는 너무 호사스러운 말로 들리지 않겠는가? 설교자가 시인과 대화를 시작하면, 어쩌면 평범한 사람들과의 공통적 접점을 잃을 수도 있다. 시인과 대화하는 설교자의 설교는 문학작품에 대한 암시로 가득 차기 시작한다. 예를 들어 1930년대와 1940년대 미국 강단의 일부 거인들이 그랬던 것처럼 말이다. 그중 뉴욕의 설교자 폴 셰러Paul Scherer는 다음과 같은 식으로 설교를 시작하고는 했다. "싱이 한번은 매서운 냉소주의로 말하기를, 인생은 좀 무례한 식당에서 먹는 정식과 같아서, 시간은 그대가 음식을 다 먹기도 전에 접시를 바꿔 놓는다고 했습니다." [2]

그런데 싱이 도대체 누구인가? 셰러는 회중들이 아일랜드의 극작가이자 시인인 존 밀링턴 싱 John Millington Synge을 이미 다 알고 있으며, 그래서 싱이라는 성姓만 이야기해도 누구를 말하는지 다 알아들을 것이라는 전제로 말하고 있다. 같은 설교에서 셰러는 "드라이저Theodore Dreiser(미국의 자연주의적 사실주의의 정점을 이루었다고 평가되는 작가. 19세기부터 20세기에 이르는 자본주의 상승기 미국의 적나라한 모습을 보여 준다. 대표작으로 『아메리카의 비극』이 있으며, 이 작품은 「젊은이의 양지」라는 제목으로 영화화되기도 했다—옮긴이) 씨와 멩켄Henry Louis Mencken(미국의 문예비평가. 미국 문화 전반을 준엄하게 비판하면서 미국 문학의 독립을 주장했다—옮긴이) 씨와 쇼Bernard Shaw(아일랜드 출신의 영국 극작가·소설가·비평가. 최대 걸작 『인간과 초인』이 있으며 노벨 문학상을 수상했다—옮긴이) 씨"를 언급한다. 이들 역시 성만 이야기해도 충분하다는 전제 아래서 말이다.

설교자가 작가나 시인과 대화를 시작하면, 우리는 청중들이 아일랜드의 시인이나 극작가 같은 그러한 유형의 문학가들에 대해 사전 지식이 있음을 전제로 하는 문학적 설교를 듣게 되지 않을까? 그리고 우리의 설교자가 일단 시인과 대화를 시작하면 설교 때 시를 인용하는 것을 누가 막을 수 있겠는가? 설교자가 오마르 하이얌<sup>Omar Khayyam</sup>(페르시아의 수학자·천문학자·철학자·작가·시인—옮긴이)의 『루바이야트』(*The Rubaiyat*: '4행시'라는 뜻을 가진 '루바이'의 복수형으로 오마르의 시집—옮긴이)에서 한 구절을 인용한다면 어떻겠는가?

아, 사랑이여! 그대와 내가 운명과 공모하여
이 변변찮은 형국의 세상을 움켜쥘 수 있다면,
이 세상을 산산조각 내서
우리 마음이 바라는 바에 더욱 가깝도록 다시 빚으련만.[3]

하이얌과 대화를 시작하기 전에는 "인생을 내 마음대로 하고 싶지 않으십니까?"라고 평범하게 말했던 설교자가 이제는 이렇게 말한다. "아, 사랑이여! 그대와 내가 운명과 공모하여……." 한때 우리 설교자는 여자들이 아침 일찍 예수님의 무덤을 찾아왔다고 말했는데, 이제는 "모압 언덕 뒤로 분홍빛 여명이 밝아 오자마자" 여자들이 무덤으로 왔다고 말한다. 그는 요즘 시를 읽고 있고 피터 마샬<sup>Peter Marshall</sup>(스코틀랜드 출신 미국 목회자. 웨스트민스터

장로교회를 거쳐 상원 원목을 지냈고, 호소력 강한 설교로 설교사에 기록될 불후의 명설교를 남겼다―옮긴이)의 설교문을 읽고 있으며, 이 독서의 영향으로 우리들이 가보지 못한 영역으로까지 넘어가고 있다.

나는 설교자의 독서 여정에 대해 우리가 비교적 온건한 관심을 갖게 될 것이라 믿는다.

그래서 내가 처음부터 이야기해 두고 싶은 것은, 설교자를 위한 일반 독서 프로그램을 추천할 때 라인홀드 니부어Reinhold Niebuhr가 일컫는 '품위 있는 설교'pretty sermons를 재연하라고 요구하지 않겠다는 것이다. 니부어는 단순히 시가 등장하는 설교나 문체가 화려한 설교가 아니라, 어떤 설교든 세련된 수사를 구사하는 설교를 염두에 두고 이런 표현을 쓴 것으로 보인다. 니부어는 자신의 설교가 이렇게 품위 있기보다는 "거칠었으면" 좋겠다고 말했다. "웅변가로 타락하고픈 유혹을 피하기 위해서" 말이다.[4] 자동차의 도시 디트로이트에서 목회하던 시절, 그는 날이면 날마다 목격하는 가혹한 노동의 참상과 인종차별 문제를 일기에 기록했다. 당연히 그는 고차원의 수사법을 거의 사용하지 않는 설교를 했다. 그런 세련된 설교는 자신을 에워싼 상황과 전혀 어울리지 않는 것으로 여겼던 것이 틀림없다.

나는 니부어의 입장을 이해하고 감사히 생각한다. 그렇다고 해서 이따금 소설의 한 구절을 인용하거나 혹은 필요할 때마다 직접 아름다운 문구를 만들어 내는 설교자들이 위축되어서는 안 된다는 것이 내 판단이다. 모든 것은 그 인용문이나 문구가 은혜의 복음을 더 생생히 살아 움직이는 말씀으로 만드는지 아니면 그저 설교를 미학적으로 좀 더 만족스러운 것으로 만들 뿐인지에 달려 있다. 설교가 끝난 뒤 청중들이 "하나님께 감사를!"이라고 말했으면 좋겠는가, 아니면 "정말 얼마나 멋진 설교였는지!"라고 말했으면 좋겠는가?

설교를 위한 독서를 추천할 때 나의 관심은 특별히 미학적인 데 있지 않다. 나도 여느 사람들처럼 이따금 멋진 설교에 은혜를 받는다. 특히 시편 103편 같은 사랑스러운 본문을 설명하는 설교일 경우에는 더욱 그렇다. 그러나 이 책에서 나의 의제는 다른 데 있다. 나는 훌륭한 저작물을 폭넓게 접함으로써 설교 사역을 지원받는 설교자는, 그 도움 덕분에 의미 있는 발전을 이룰 것이라고 확신한다. 머리말에서 내가 언급한 그런 방식을 포함해서 말이다. 여기에 나는 발전의 방식 두 가지를 추가하고자 한다. 독서하는 설교자는 깨닫게 될 것이다. 위대한 작가들은 사람의 마음에 이르는 길을 알고 있으며, 일단 그 목적지에 도착해서는 그 마음을 감동시키는 법도 알고 있다는 것을 말이다. 무엇이 사람의 마음을 감동시키는지 안다는 것은 설교자에게 매우 중요하다. 하지만 이는 마음을 감동시키는 것이 그 자체로써 하나의 좋은 프로젝트이기 때문은 아니다. 사실 어떤 사람은 가학적 섹스나 쓰레기 같은 감상感想으로도 마음이 감동될 수 있다. 설교자가 마음이 감동되기를 원하는 것은, 그래야 형제자매들의 마음이 감동될 수 있도록 복음의 능력과 아름다움을 제시하는 방법에 대해 어떤 영감을 얻을 수 있기 때문이다.

## 틈 메우기

더 나아가, 글 쓰는 이들은 세상을 두루 잘 안다. 이들은 설교자가 지금까지 전혀 알지 못했던 사람들과 상황에 대해 공감대를 넓혀 줄 수 있다. 나는 미시간 서부에만 갇혀 사는 칼빈주의자인 나를(음울한 서부 미시간의 칼빈주의자들은 우울을 경험하는 방법과 우울을 일으키는 방법을 기본적으로 다 안다) 작가들이 저 넓은 세상으로 데리고 나가 주기를 원한다. "각 나라와 족속과 백성과 방언"(계 7:9)을 모두 포용하는 하나님 나라의 시민으로서 설교자는 독서의 도움을 받아 자신과 전혀 다른 환경에 사는 사람들과의 간극을 메우고 싶어 한다. 이 도움이 아니라면 설교자에게 그들의 삶은 낯설 수밖에 없다. 애드리언 파이퍼Adrian Piper(미국의 개념미술가·분석철학가—옮긴이)가 한 분별력 있는 평론에서 말하고 있다시피, 남자로서 강간당한다는 것이 여자에게 어떤 충격일지 상상이 안 된다고 말한다면, 혹은 주류 백인 문화권에서 사는 백인으로서 인종적으로 조롱을 당한다는 것이 어떤 기분일지 상상이 안 된다고 말한다면, 그 사람은 겸손하고 현실적인 사람일 것이다. "네 기분이 어떨지 잘 알아"라고 하면서 섣불리 이웃 행세를 하는 것이 얼마나 주제넘은 일인지 그 사람은 잘 알고 있는 것이다.

그런 한편, 무지는 오로지 관심 부족 때문일 수도 있다. 문학 서적을 읽거나 그림을 감상하거나 레퀴엠을 듣는 일에 무관심할 수도 있고, 나 자신의 삶 말고 타인의 삶의 요건에 대해 "우리를 확실히 교육시킬 의도로 만들어진 문학·예술 작품"에 아무 관심이 없을 수도 있다. 그래서 문학과 미술에 대한 무지는 곧 심각한 태만의 죄다.[5] 연옥이 있다면, 심판과 은혜를 미묘하게 뒤섞을 때 이 태만을 개선시키는 예술 작품들도 대량 섞어 넣었을 것이다. 요점을 말하자면, 타인과 공감하는 것은 본능일 수도 있고 의도적인 노력일 수도 있다는 것이다. 그래서 타인과 공감할 수 있느냐의 여부는 나와 동떨어진 환경에 있는 사람에게까지 공감의 손길을 내미는 교육을 받고 그대로 시도하느냐에 달려 있다는 것이다.

이와 관련하여 엔도 슈사쿠의 『침묵』 같은 소설을 생각해 보라.[6] 이 작품은 죄의 압박 아래서 사랑이 과연 어떤 말도 안 되는 형태를 지닐 수 있는지, 곧 사랑이 배신과 흡사한 형태를 띨 수 있는지를 묻는다. 이 질문을 던지는 과정에서 소설은 우리를 16세기 일본으로 데려가 그곳에서 기독교 선교가 어떻게 진행되었으며 선교사들을 핍박하는 자들이 얼마나 정교한 장치를 만들어 냈는지 보고 느끼게 해준다. 뿐만 아니라 이 소설을 통해 우리는 일본인들이 기독교는 종교라기보다 서구 문화제국주의의 도구라는 의구심을 가졌다는 사실을 알게 된다.

또는 할레드 호세이니Khaled Hosseini의 『연을 쫓는 아이』(The Kite

Runner)를 생각해 보자.[7] 치밀한 구성을 자랑하는 이 일인칭소설은 부모의 죄가 자녀에게 끼치는 결과를 탐구하고 있다. 주제는 보편적이지만 소설의 배경이 특별하다. 이야기는 대부분 21세기 아프가니스탄의 수도 카불에서 진행된다. 그래서 독자는 놀랍고 멋진 스토리를 즐길 수 있을 뿐만 아니라 아프간 문화까지 접하게 된다. 아프간의 음식, 남녀 관계, 이슬람 율법학자, 연날리기 대회, 수니파 파슈툰족과 시아파 하자라족 간에 벌어지는 부족간·무슬림간 내부 갈등, 허구한 날 이어지는 탈레반의 위협 등에 대해 알게 된다. 어느 시점에, 처음에 열두 살이었던 소설 속 화자話者는 자기가 본 미국 영화가 다 더빙된 것이었고 존 웨인이 사실은 페르시아어를 하지 않았으며 실제로는 이란 사람도 아니었다는 것을 알고 어이없어 하는 모습을 보여 준다.

위대한 작가들은 우리의 공감대의 폭을 넓혀 준다. 『엔리케의 여정』(Enrique's Journey)에서 소냐 나자리오Sonia Nazario는 중앙아메리카의 수많은 아이들과 청소년들이 미국에 가 있는 사랑하는 사람들과 재회하고 싶다는 소망을 안고 해마다 멕시코를 거쳐 북쪽으로 이주한다는 사실을 알려 준다. 작가는 특히 온두라스 테구시갈파 출신의 엔리케라는 소년 이야기를 들려준다. 소년의 아버지가 가족들을 버려둔 채 집을 나가자 어머니는 가혹한 딜레마에 부딪힌다. 가족들 곁에 머물면서 아이들이 굶주리는 것을 속수무책 지켜보든지 아니면 미국으로 가서 일자리를 구해 집으로 돈을 보내든지 해야 했다. 결국 어머니는 엔리케가 겨우 다섯 살 되던해 미국으로 떠났고, 먼 타국 땅에서 번 돈으로 고향의 자녀들을 부양하는 사명을 오랜 세월 충실히 감당한다. 이런 식으로 12년이 흐르자 엄마 없는 삶을 더는 견딜 수 없다고 생각한 엔리케는 변변찮은 짐 보따리를 꾸려들고 마침내 엄마를 찾아 나선다. 트럭과 버스를 갈아타며, 특히 위험하기 짝이 없는 화물열차 지붕을 뛰어다니며 장장 2,600km를 가야 하는 대장정을 시작한 것이다. 수차례 좌절을 겪은 끝에 그는 마침내 누에보 라레도<sup>Nuevo</sup> <sup>Laredo</sup>(미국 텍사스와 접한 멕시코의 국경도시―옮긴이)에 도착했고, 그곳에서 그의 어머니가 고용한 '코요테'의 도움으로 리오그란데강을 건너 마침내 약속의 땅으로 밀입국을 했다.

나자리오는 엔리케의 여정을 그리는 자신의 이야기에 신뢰성을 더하기 위해 그의 여정을 실제로 재현하며 글을 썼다. 흔들리는 화물열차를 타 보기도 했고, 더위와 추위, 낯선 사람들의 습격, 강도, 강간, 예기치 않은 신체 절단 사고 등 이주자들이 겪는 온갖 위협을 똑같이 마주했다. 그녀는 존 스타인벡이 『분노의 포도』에서 그랬듯, 함께 이동하는 이주민들 사이에 형성되는 공동체에 대해 이야기한다. 그들은 정보를 공유하고, 의복을 함께 나누며, 위험신호를 서로 알려 주고, 구걸을 하든 돈을 주고 사든 콩 한 쪽 생기는 것까지 나누어 먹는다. 그녀는 이주 중인 젊은 여자들을 당연히 자기 먹잇감으로 여기는("그게 아니면 이 여자들이 왜 여기 있겠는가?"라며) 성적 포식자들에 대해 이야기하고, 자기들도 별로 가진 것 없으면서 이 낯선 이주민 손님들에게 베풂을 실천하는 지역 사제와 주민들에 대해서도 이야기한다. 나자리오는 미국이 남부 국경지대에서 직면하고 있는 이 불법 이주민 문제에 대해 어떤 손쉬운 해결책을 제시하지는 않는다. 하지만 대중을 겨냥한 그녀의 이 주옥같은 작품을 한 번이라도 접한 독자들은 이주민들을 결코 전과 같은 시선으로 보지 않을 것이 확실하다.

## 우리의 책: 성경

설교자들에게 일반 독서 프로그램을 추천하면서, 설교자가 가장 먼저 충실해야 할 대상, 곧 신구약성경에 대한 충성을 과소평가할 의도는 없다. 성경은, 누군가의 자부심 강한 소장 도서 목록에서 확신할 수 있다시피 "오래됐지만 여전히 가치 있는 자료"다. 사실 성경은 교회의 기본 재산이요, 성령의 역사와 더불어 교회에 영적·정서적 자금을 대주는 근원이다. 칼빈의 표현을 빌리자면, 설교자는 성경의 보화를 파내어 설교를 통해 우리에게 그 보화를 가져다 달라고 교회가 매주 성경으로 파송하는 사람이다.

첫째로 설교자는 성경을 열심히 읽는 사람이요, 우리들 중에서 성경을 가장 잘 아는 성경의 용사다. 그런데 이 역할이 너무 익숙하기 때문에 설교자는 이것을 당연시하기가 쉽다. 나는 몇 해 전에 이 사실을 깨닫게 되었다. 당시 루이지애나 주립 앵골라 교도소의 사형수 수감동을 방문 중일 때였다. 한 수감자에게 잠깐 이야기를 나누자고 했더니 쾌히 응해 주었다. 자그마한 체구의 그 흑인 수감자는 철사로 테를 두른 안경을 끼고 있는데다가 표정도 지적이어서 무언가 학자 분위기가 났다. 나는 하루하루를 어떻게 소일하느냐고 그에게 물었다. 그랬더니 그는 NIV성경을 들어 올려 보이며 "우리 책our book을 읽으며 많은 시간을 보내지요. 책이 이렇게 두꺼워서 좋아요. 끝까지는 절대 다 못 읽겠지요." 그러고 나서 그가 한 말을 나는 절대 잊지 못할 것이다. "아시다시피, 세상에는 우리 그리스도인들이 20억 명이 있어요. 그리고 그 그리스도인들이 오늘 행하는 뭔가 선한 일들은 다 우리 책하고 관계가 있지요. 그리고 저는 제 방 바로 여기에 그 책을 한 권 가지고 있고요!"

교도소 방문을 마치고 나오는 내 머릿속에 두 가지 강력한 깨우침이 자리잡았다. 하나는 내가 **우리 책**을 과소평가하고 있던 것이 분명하다는 것이었고, 또 하나는 성경을 사랑하는 이 자그마한 남자를 루이지애나 주가 이제 곧 사형에 처할 거라고 생각하니 소름이 끼친다는 것이었다.

설교자가 첫 번째로 충성해야 할 책은 바로 우리 그리스도인 공동체의 책이다. 내가 일반 독서 프로그램에 대해 무슨 말을 하든, 그것은 어떤 식으로도 이 사실을 대신할 수 없다. 주석 책을 비롯해 그 외의 성경 연구서도 마찬가지다. 이런 책들은 설교자의 벗이며, 특히 성경 연구서 저자가 특정 성경 구절을 어떻게 설교해야 할지에 대해 감각을 갖고 있다는 증거를 보일 경우 이 연구서는 설교자의 절친한 친구가 된다. 내가 염두에 두는 사람은,

예를 들어 듀크 신학교의 엘런 데이비스Ellen Davis, 그리고 월터 브루그만Walter Brueggemann은 물론 마태복음과 요한복음에 관해서는 프레드릭 데일 브루너Frederick Dale Bruner가 있으며, 설교자의 절친한 친구는 이외에도 많다.

## 단편소설의 장점

설교자의 일용할 양식은 성경과 성경학자다. 신학자, 윤리학자, 교회 역사가, 기독교 철학자, 목회 전문가가 설교자의 삶과 생각 속에 잘 자리잡고 있으면, 신학교에서 받은 교육과 그 뒤 이어지는 평생교육이 자기 역할을 잘할 것이다. 내가 이 책에서 말하는 내용들 때문에 혹여 이 복된 사실에 집중하지 못하는 일이 없기를 바란다. 나는 이런 기본적인 전제 위에서 설교자의 사역을 뒷받침해 줄 좀 더 일반적인 독서 프로그램을 추천하고자 한다. 물론 나는 소설을 염두에 두고 있고, 『레미제라블』이나 『분노의 포도』 같은 작품 속 문구들을 논해 볼 작정이다. 또한 단편소설들도 생각하고 있는데, 단편은 다른 장점들 외에 그 분량이 설교 한 편 정도 되고, 그래서 (영어로) 2,500단어 안에 내러티브 구조를 담아내는 설득력 있는 예를 설교자에게 보여 줄 수 있다는 장점이 있다. 에이미 햄플Amy Hempel 같은 작가는 그 절반 정도의 분량으로도 이야기 구조를 만들어 낸다.

설교 구도의 상당 부분은 설교의 시작을 어떻게 할 것인지, 설교를 어떻게 맺을 것인지, 어떻게 긴장감을 조성하고 언제 어떻게 그 긴장감을 해소시킬 것인지, 과연 그 긴장을 해소시켜야 하는지 등과 관계있다. 이는 설교자가 설교를 만들어 낼 때 사용하는 꺾쇠들이고, 단편 작가들은 시종 이 꺾쇠를 사용해 경이로운 결과물을 빚어낸다.

시간이 없는 설교자들을 위해 실제적인 주의 사항을 덧붙이겠다. 몇몇 위대한 소설가들은 단편도 썼다. 예를 들어 영국 작가 그레엄 그린이 그랬고, 미국 작가 스콧 피츠제럴드가 그랬다. 까다로운 러시아 인명 목록을 정확히 외우는 수고 없이 러시아의 정신을 조금 맛보고 싶다면, 서리 내리는 밤 마음의 불을 밝혀 줄 작품으로 톨스토이와 도스토옙스키의 단편만한 것도 없다. 등장하는 이름도 얼마 안 되고, 여담이나 반복되는 부분도 별로 없이 그저 러시아 정신의 정수를 맛볼 수 있다.

이러한 여러 가지 작품들은 설교자의 관심사 한가운데에 갖가지 이슈와 상황을 제시한다. 도스토옙스키의 중편 『지하생활자의 수기』는 특히 인간의 행동 동기와 자유의지 같은 문제들을 심리학적으로 예리하게 다룬다. 그리고 하나님께서 우리 앞서 창조하신 훌륭한 이야기꾼이자 인간 마음 전문가 톨스토이가 있다.

1886년에 쓴 한 작품에서 톨스토이는 땅을 사랑한 파홈이라는 남자를 등장시킨다. 그는 땅을 세상 그 무엇보다도 사랑했고 땅이 자신을 구원해 준다고 믿었다. 그는 "땅만 많으면 마귀도 두렵지 않다"고 말한다.[8] 마귀가 이 말을 엿듣고 땅을 살 수 있는 기회를 파홈 앞에 불쑥불쑥 내민다. 그중에는 아주 엄청난 기회도 있었다.

파홈은 바슈키르족을 만난다. 엄청난 토지자원을 가진 소박한 사람들이다. 파홈은 이들의 단순성에 쾌재를 부르며 그 단순함이 쓸모가 있을 것이라 생각한다. 단순한 너희가 땅 구매에 관해 어떻게 나만큼 알겠느냐고 자신만만해 한다.

그들이 내건 조건을 듣고 그는 더더욱 흡족해 한다. 1,000루블이라는 대금만 치르면, 해뜰 때부터 해질 때까지 하루 동안 넓은 원을 그리며 한 바퀴 돌아서 오는 만큼의 땅을 다 가질 수 있다는 것이다. 그러나 해질 때까지 출발 지점으로 돌아오지 못하면 땅은 한 평도 못 가지고 1,000루블의 대금도 몰수당한다.

파홈은 하루 동안 한 바퀴를 돌아오는 여정에 나선다. 진전 상황을 삽으로 표시해 가면서 나아가지만, 이제 그만 자신의 동그라미를 닫아야겠다는 생각을 할 때마다 풀이 무성한 평원이나 반짝거리며 흐르는 시냇물, 혹은 당당하게 솟아 있는 나무들이 눈에 보인다. 그는 그것까지 손에 넣어야 했다. 그 모든 것을 다. 둥근 원 너머로 땅거미가 드리울 때까지 원은 자꾸만 넓어지고, 그제서야 파홈은 출발 지점에서 너무 멀리 왔다는 것을 깨닫는다. 해도 거의 넘어가고 있다. 당황한 파홈은 결승선을 향해 달리기 시작한다. 생애 가장 긴 거리를 가장 빠른 속도로 달려야 했지만, 일평생의 기쁨을 위해서라면야.

결국 그는 해낸다! 그는 서쪽 하늘 황금빛 태양의 가장자리가 지평선 너머로 모습을 감추는 바로 그 순간 가까스로 출발 지점에 손이 닿는다. 바슈키르 사람들은 일제히 환호를 내지르며 파홈이 이룬 빛나는 성과에 축하를 보낸다. 그러나 파홈은 그 소리를 듣지 못한다. 그는 심장마비로 급사急死하고 말았다.

하인이 파홈을 관에 넣어 장사 지냄으로 이야기는 끝난다. 톨스토이는 이 이야기에 "인간에게는 얼마만큼의 땅이 필요한가?"라는 제목을 붙이고 파홈의 하인이 2m짜리 관으로 이 질문에 답변하게 만들며, 그럼으로써 탐욕이라는 치명적 죄를 2m라는 이미지로 설교자에게 각인시킨다.

러시아, 아니 그보다는 러시아계 미국인 작가를 생각하다 보면 블라디미르 나보코프Vladimir Navokov의 작품들이 떠오른다. 많은 이들이 나보코프를 『롤리타』(Lolita)의 작가로만 알고 있지만 사실 그는 열일곱 편의 장편소설 외에 희곡과 문학비평, 전기도 썼다. 시간이 바쁜 설교자는 나보코프의 단편들을 다 찾아내기 힘들 것이다. 아주 짤막한 작품들이 많기 때문이다. 나보코프에게는 위트와 아이러니, 그리고 어떻게든 소진시켜야 할 신랄함이 있다. 그는 후기 작품들을 영어로 집필했는데, 모국어가 아닌 제2언어로 작품을 쓰면서도 영어를 모국어로 사용하는 대다수 사람들보다도 우아하고 명료한 문체를 구사했다(나보코프는 러시아에서 태어나 서유럽을 거쳐 미국으로 망명했다—옮긴이).

그의 작품 중에 「말」(The Word)이라는 간단한 제목이 붙은 작품은 향수병에 걸린 맨발의 사내가 낙원에서 청록색 새들과 뼈가 유연한 오렌지색 짐승과 천사들의 무리에 에워싸이게 되는 이야기다. 천사들은 환희를 억누르지 못하게 되자 날개를 펼치고, 그 광경은 "마치 햇빛이 한꺼번에 밀려드는 것 같고, 수백만 개의 눈이 한꺼번에 반짝이는 것 같다"고 한다.[9]

결국 천사들은 잔치에 부름받아 물러가고 단 한 천사만 남는다. 그 한 천사는 남자에게 다가와 날개로 그를 아주 잠깐 감싸 안는다. 천사는 남자에게 딱 한 마디를 건네는데, 그 짧은 순간 남자는 고향의 모든 "사랑하는" 그리고 "침묵당한 목소리들"을 듣는다. 그 말이 얼마나 달콤하고 듣기 좋던지, 마치 마약처럼 남자의 전신을 타고 퍼져 나가 관자놀이에서 고동치면서 지금까지 한 번도 느껴본 적 없던 그런 온기가 그의 몸에 확 퍼졌다.

내가 설교자라면 그 천사가 무슨 말을 했는지 굳이 알 필요가 없다. 설교자가 알아야 할 것은, 그와 같은 말이 가능하다는 것이다. 왜냐하면 천사는 하나님을 대변하는 존재이기 때문이다.

### 전기·기사·시

전기傳記 또한 소설과 마찬가지로 설교자에게 깊이를 더해 준다. 전기는 인물을 다층적으로 이해할 수 있게 해주는 유익이 있다. 데이빗 매컬로David MacCullough의 해리 트루먼Harry Truman(미국 33대 대통령—옮긴이) 전기가 생각난다. 매컬로는 트루먼이 다소 부패한 정치인들의 지원을 받기는 했지만 그 자신은 부패하지 않았다고 말한다. 트루먼은 정직했다. 하지만 그는 부패한 사람들에게 충성했고 그들을 친구라고 불렀다. 설교자라면 예수님과 삭개오에 대해 설교하게 될 날이 있을 것이다. 그 설교를 어떻게 해야 할지 주의를 기울이며 늘 동정을 살필 것이다. 그날 어쩌면 그는 트루먼을 언급할 수도 있고 그렇지 않을 수도 있지만, 매컬로는 죄인의 친구이신 예수님을 전에 없이 권위 있게 전할 수 있도록 설교자를 구비시켜 준다.

설교자는 소설가와 전기 작가뿐만 아니라 기자(언론)와 평론가에게서도 도움을 받을 수 있다. 예를 들어 시어도어 댈림플 Theodore Dalrymple이나 조셉 엡스타인 Joseph Epstein 같은 탁월한 비평가들은, 설교자가 성경에 등장하는 여러 논제들을 더 깊이 들여다볼 수 있도록 도움을 줄 수 있다. 그들 자신이 매주 그 문제를 다루고 있으니 말이다. 물론, '중요한 것부터 먼저'라는 원칙에 따르는 정직한 설교자라면 본문 해석을 먼저 하고 그 해석의 안내를 받아 설교문을 작성할 것이다. 댈림플이나 엡스타인의 평론이 제아무리 흥미진진할지라도 말이다.

하지만, 인간의 자만 self-importance을 경고하는 성경 구절에 대해 설교를 한다고 치자. 그런 구절은 잠언뿐만 아니라 성경 도처에 널려 있다. 이런 구절들에서 복음은 자만을 비롯해 거기서 생겨나는 지독한 불안과 노이로제에서 사람을 건져내 주는 복된 구제책으로 등장한다. 자만에 관한, 그리고 자만 문제에서 해방시켜 주는 은혜에 관한 설교를 준비하다 보면 자만 문제에 나름 전문가가 되고 싶은 마음이 든다.

그래서 그 문제를 파고들어 가다 보면 자존감 self-esteem과 자긍심 self-respect의 차이에 관한 시어도어 댈림플의 평론으로 무장을 하고 싶은 마음이 들 것이다.[10] 자긍심을 높이는 것을 헌법상의 권리로 여기는 이들이 왜 그리 많으며, 그보다 절제된 형태인 자존감에 대해서는 왜 비교적 덜 이야기하는 것일까?

설교를 준비하면서 설교자는 자만에 대해 다시 공부하고, 댈림플을 넘어 유명인사의 이름을 마치 자기가 잘 아는 사람인 양들먹이는 교묘한 기술에 관해 조셉 엡스타인의 설명을 읽는다.[11] 유명인사 이름 들먹이기는 자만심 강한 사람이 사용하는 싸구려 자기선전 전략이다.

엡스타인은 말하기를, 유명인사 들먹이기가 효과적이려면 설령 거짓일지라도 최소한 듣기에는 그럴듯해야 한다고 한다. 만찬회에서 사람들에게 유명인사 이름을 거론하며 아는 사이인 척했는데 그것이 만일 사실이 아닐 뿐만 아니라, 아무리 생각해도 사실일 리가 없을 경우 그 말은 설득력을 잃고 만다. 예를 들어, 만찬회에서 잠깐 좌중을 향해 이렇게 자랑한다고 해보자. "와우, 이 토론 정말 대단하지 않습니까? 지난 11월 크레타에서 요요마와 데니스 로드먼하고 점심을 함께하면서 토론하던 때가 자꾸 생각나네요."

설교자는 소설가와 전기 작가와 언론인에게서 유익을 얻을 수 있다. 그리고 시인에게게서도 유익을 얻을 수 있다. 그러나 시인에게서 얻는 유익은 단지 설교 때 시 몇 줄을 인용할 수 있다는 데 그치지 않는다. 대다수 청중들은 성경에서 보는 시 외에는 시를 듣는 훈련이 안되어 있는 사람들이고, 그래서 한 번 듣고는 그 의미를 곧 파악하지 못할 것이다. 그리고 솔직히 말해 개중에는 시에 대해 의혹의 시선을 떨쳐 버리지 못하는 민중문학파도 있다. 시는 너무 고상한 향수 같은 것 아니냐고 말이다.

그래도 시인은 설교자가 자기 언어에 숙달될 수 있도록 도움을 줄 수 있다. 시인은 용어 선택, 언어의 리듬, 음조에 누구보다도 신경을 쓴다. 그래서 설교자는 방문을 닫고 들어앉아 시를 읽고 읊조리는 것만으로도 많은 유익을 얻을 수 있다. 도입과 결말의 적확한 표현을 찾아, 시의 주제에 어울리는 스타카토 리듬을 찾아, 혹은 완벽할 만큼 부드럽거나 딱딱한 단어로 하나의 행을 완성하기 위해 시인은 삼십 번 사십 번씩 고치고 또 고친다. 글을 써놓고 고치고 또 고치는 시인은 무엇보다도 경제성을 추구한다. 단 몇 마디 말에 많은 것을 담고 싶어 하는 것이다. 매들렌 렝글Madeleine L'Engle(주로 청소년 문학으로 많이 알려진 미국의 작가. 기독교 신앙과 현대 과학에 대한 관심이 녹아든 작품을 썼다―옮긴이)은 이 목표를 다음과 같이 설명한다. "좋은 작가는 늘 자기 자신을 제한한다. 가장 단순한 어휘가 거의 언제나 가장 정확한 어휘다.……내가 좋아하는 작가 중 한 사람인 에이넌Anon(작가 미상을 뜻하는 anonymous를 의인화하여 축약형으로 표현한 말이다―옮긴이)은 수 세기 전 다음과 같은 말을 했다."

기록된 말은

뼈처럼 깨끗하고

빛처럼 맑고

돌처럼 견고해야 한다.

두 마디는

한 마디만 못하다.[12]


설교자는 소설가 · 전기 작가 · 시인 · 언론인과의 대화에서 지적 자산을 얻을 것이다. 물론 내가 언급하는 이 네 그룹은 설교 자에게 유용한 지적 부嵐의 중요 표본일 뿐이다. 설교자에게 도움 이 되는 것은 이밖에도 많다. 예를 들어 자서전의 일종인 회고록 이 있다. 문화 비평서도 있고, 심리학 연구서도 있다. 일반 역사 서도 있고, 주제 중심 역사서도 있다. 여행기도 있고 영화 비평서 도 있다. 앤 라모트 같은 작가는 무슨 글이든 다 쓰는 사람이다.

### 인터넷 매체와 영상 매체

물론 페이스북이나 트위터 같은 소셜미디어 웹 매체도 있고, 좀 더 지적인 인터넷 매체로는 자기 전문 분야의 해박한 지식을 바 탕으로 훌륭한 글을 쓰는 사람들이 운영하는 블로그가 있다. 예 를 들어 미시간 대학의 후안 콜Juan Cole 같은 사람이 떠오르는데, 그는 중동 지역을 전문 분야로 하는 실천적 지식인이자 역사학자 다. '인폼드 커멘트'Informed Comment라는 이름으로 자신의 웹 사이트 를 운영하고 있는 그는 지적 블로그 세상의 진정한 권위자로 손꼽히고 있다. 그의 활동이 우리에게 더욱 흥미로운 이유는, 중동 문제를 보는 그만의 아주 분명한 관점이 많은 논쟁을 불러일으키고 있기 때문이다(콜은 이런 관점이 드러나는 그의 블로그 성격 때문에 2006년 예일 대학 교수로 임용되기 직전 탈락하기도 했다—옮긴이).

설교자에게 자원이 될 수 있는 좀 더 전통적인 대중매체로는 영화와 TV가 있다. 많은 회중들이 책보다는 영화와 TV에 더 친숙할 것이기에, 설교자로서 나는 인기 있는 영화나 TV 프로그램은 그때그때 보아 두어야 한다는 부담감 같은 것을 느낀다. TV와 영화는 설교자에게 정보의 보고寶庫다. 영화나 TV 프로그램이 훌륭한 소설이나 전기에서 볼 수 있는 우아한 언어를 사용하지 않는 것은 확실하다. 하지만 TV와 영화도 독서에서 얻을 수 있는 유익을 전해 준다. 예를 들어 예화를 제공해 주고, 설교자의 상상력을 자극시키며, 설교자를 지혜롭게 만들어 주는 것 등이다.

영상 자료는 설교자가 말하고자 하는 어떤 사실을 생생하게 설명해 주는 매우 흥미로운 도구가 될 수 있지만, 그런 만큼 사용에 신중을 기해야 한다. 설교 중에 동영상을 보여 준다면, 그리고 그 영상이 아주 설득력 있다면, 뒤에 이어지는 설교가 이에 묻힐 가능성이 있다. 특히 그 영상의 효과가 너무 강렬할 경우 청중들은 할 말을 잃고 침묵으로 반응할 수도 있다. 영화 자료도 설교의 정황에 맞게 인내심을 가지고 설명해 주어야만 청중들이 조이스 캐롤 오츠Joyce Carol Oates(1964년 등단한 이래 50편 이상의 장편과 1천 편이 넘는 단편을 발표한 현대 미국문학의 대표 작가—옮긴이) 작품에서 인용한 문구 하나만큼 확실하게 이 자료의 의미를 이해할 수 있다.

실제로 영상 자료를 보여 주는 것과 별도로 설교 중에 어떤 영화를 언급할 경우, 한 가지 해결하기 곤란한 사실에 부딪치게 된다. 영화는 시각 매체이고, 시각 효과는 말로 설명하기가 어렵다. 영화는 배우의 얼굴 표정과 미묘한 신체 언어, 아니 좀 더 영화적 기술을 동원하여, 파노라마로 한꺼번에 펼쳐지는 장면과 일련의 장대한 동작 안에 많은 의미를 담아서 전해 준다. 그것이 바로 영화 매체의 본질이다. 영화 「소피의 선택」(*Sophie's Choice*)에서 나치 장교가 소피에게 선택권을 줄 때 그의 표정이 어땠는지 설명할 수 있는가? 장교는 소피의 두 아이 중 하나를 가스실로 보낼 것이라며 어느 아이를 죽일 것인지 소피에게 선택하라고 한다. 이 선택안을 제시할 때 그의 표정은 내가 지금까지 영화에서 본 그 어떤 얼굴보다도 사악하며, 말이나 글로는 도저히 그 표정을 설명할 수 없다.

영화는 **시각** 매체다. 그래서 설교 중에 영화를 언급하는 것은 다소 모험적인 일이다. 하지만 말로 설명할 수 있는 부분(영화 속에서 어떤 일이 일어나며, 그 다음은 어떻게 되고, 누가 무슨 말을 했는지)은 실질적으로 단편소설과 크게 다르지 않고, 그래서 우리는 인물과 줄거리와 말로 서술할 수 있는 동작이라는 친근한 토대 위에서 영화 매체를 활용한다.

당연한 말이지만, 훌륭한 독서가라 해도 설교자는 여전히 주해와 해석 작업을 성실하게 해야 한다. 정황<sup>context</sup>을 잘 알아야 하고 그 정황 안에서 진정성 있게 말하는 법을 알아야 한다. 목회자로서의 정체성과 영적 지도자로서의 역량에 대해 성숙한 인식을 갖고 있어야 한다. 무엇보다도 설교자 자신의 삶이 믿음과 기도의 삶이어야 하며, 믿음과 기도야말로 설교자로서의 위상을 지켜주고 최소한 탈진을 막아 줄 가능성이 있다. 이는 날마다 재생이 가능한 유일한 자원이다.

그리고 이 모든 것에 독서 프로그램을 추가한다면 그 설교자는 주일 설교문을 작성할 때 천군만마를 얻는 셈이다. 작가들이 이제 설교자 옆에서, 일주일에 한 번씩 확신을 가지고 주일 아침을 맞아야 하는 어려운 숙제를 함께해 줄 것이다. 수많은 사람들이 그에게 정보를 주고, 설득하고, 영감을 주며, 생생한 언어를 사용하게 해줄 것이다.

### 과잉 권고라고?

그런데 한 가지 물어보자. 설교자가 책을 많이 읽어야 한다는 것은 세상 사람들이 이미 다 아는 사실 아닌가? 사실 설교자들 자신도 이를 그토록 확신하기에 늘 책을 읽지 않는가? 설교자가 책 읽는 사람이어야 한다는 것은 누구나 안다. 설교자들 자신도 이를 잘 알고 있다. 그래서 설교자들의 일주일 시간표는 독서 계획으로 꽉 차 있다. 설교자라면 모두 똑같다. 한 사람 한 사람이 다 그렇다. 이들은 대학 시절부터 그런 좋은 습관을 들였다. 기본적인 고전 문헌을 깊이 있게 읽는 것이 소규모 강의실에서 박사학위 교수들에게 받는 필수 교육이었다. 교수들은 찰스 디킨스를, 조지 엘리엇을 집중 조명해 주었다. 문학을 사랑하는 이들인 교수들은 그 사랑과 기쁨을 학생들에게, 특히 신학교에 입학하게 될 사랑하는 제자들에게 전해 주었다.

글쎄⋯⋯.

우리 현실이 왜 이와 많이 다른지 그 이유를 설명하느라 시간을 허비하지는 않겠다. 다만 내가 말하고 싶은 것은, 지난 십 년 동안 여름과 겨울마다 설교자를 위한 일반 독서 프로그램을 공동 주최해 오면서 이 문제에 대해 어떤 분명한 확신을 갖게 되었다는 사실이다. 그 확신 중에 하나는, 설교를 위한 독서를 권장하는 것은 쓸데없는 일 아니냐고 염려할 필요가 없다는 것이다. 일부 설교자들이 소설과 전기를 읽기는 한다. 시를 읽는 설교자는 극소수다. 신문이나 잡지 자료는 대부분의 설교자들이 다양하게 읽는다. 특히 인터넷을 통해 수박 겉핥기식으로 말이다. 그러나 충실한 일반 독서 프로그램에 관한 한 우리는 성숙과는 거리가 먼 형편이다.

일반 독서 프로그램에 참여하는 설교자가 모두 대단한 설교자가 된다고 주장하지는 않겠다. 그렇지 않은 이들도 있다. 어쩌면 이들의 내면은 독서에서 많은 것을 흡수할 수 없는 딱딱한 토양일 수도 있다. 어쩌면 이들 설교자들은 책 사이를 휙휙 날아다니기만 할 뿐 어느 한 책에 내려앉아 실제적인 보화 한두 가지를 집어 올리지 못하는 것일 수도 있다. 아니 어쩌면 이들은 사실 보화를 아주 많이 모아 놓고도 그것들을 잘 써먹지 못하는 것일 수도 있다. 이들은 자기 보화를 제대로 저장하거나 검색하지 않으며, 그래서 언젠가 좋은 글을 읽기는 했는데 그것이 뭔지 몰라 반복적으로 컴퓨터 앞에 앉아 머리를 쥐어뜯는다. 이번 주 설교에 인용하기 **딱 좋은** 내용이었는데. 그런데 그게 도대체 뭐였지?

이러다 보니, 기껏 읽고 기억에서 잃어버린다면 아예 안 읽는 것보다 나을 게 무언가 하는 의문이 든다.

또한, 설교자는 독서를 통해 많은 자료들을 모아들여 자기 설교를 살찌우려 하는데 정작 듣는 이들은 설교에 딱 들어맞지 않은 인용문 때문에, 혹은 설교자가 제시하는 통찰이 너무 교묘해 별도의 설명 없이는 설교에 깊이 빠져들 수 없어서, 혹은 너무 많은 통찰들이 너무 **빽빽**하게 순식간에 몰려오는 통에 주일 설교에 집중하지 못할 수도 있다. 예를 들어 그날 설교 본문이 수치와 관련된 말씀, 이를테면 시편에서 원수들이 신자의 형편을 보고 쾌재를 부르는 말씀이라고 해보자. 설교자는 수치에 전염성이 있으며 그래서 무엇인가를 수치스러워하는 사람이 옆에 있으면 우리 자신의 '수치 괴물'shame demons도 움직이기 시작한다는 로버트 카렌 Robert Karen의 말을 설교에 인용한다(임상 심리학자인 카렌은 1992년 『월간 애틀랜틱』에 수치 이론을 역사적으로 개괄하는 글을 실었다―옮긴이).[13]

카렌의 말은 가족체계 이론family system theory을 포함해 우리 삶

도처에서 함축적 의미를 찾아볼 수 있는 의미심장한 통찰로서, 공들여 설명해 줄 만한 가치가 있다. 그런데 만일 수치가 전염성이 있다는 개념을 제대로 설명하지 않고 카렌의 다른 통찰로 바로 넘어간다면 어떻게 될까? 즉, 우리는 자신의 결함 때문에 수치스러워하는 경우도 많고 타인의 결함 때문에 수치스러워하기도 하며, 특히 타인의 결함 때문에 나 자신이 무언가 신통치 않은 사람으로 보일 때는 더욱 수치스러워한다고 말이다. 마치 입학 후 처음 맞는 학부모 참관수업 때, 세련과는 거리가 먼 자기 부모님을 누가 볼까 전전긍긍하는 신입생처럼 말이다.

이 역시 좋은 통찰이고 공들여 설명할 가치가 있지만, 우리의 설교자는 자세한 설명을 생략하고 계속 앞으로 나아가기만 한다. 그는 말한다. 우리는 타인에게서 수치감을 알아차릴 수 있고 타인을 수치스러워할 수도 있으며, 게다가 수치감은 죄책감과 똑같은 것은 아니고 또……. 설교자가 독서를 통해 찾아낸 보화는 쉴 새 없이 우리를 향해 날아오고, 이제 모든 회중은 침묵으로 말한다. "기다려요! 기다리라고요! 좀 천천히 가요! 수치감이 일종의 질병이라는 얘기는 어떻게 된 거예요? 수치감이 어쨌다고요?"

설교자는 너무 많은 이야기를 너무 빨리 한다. 내가 오랜 시간 동안 신학생들을 접하면서 알게 된 것이 하나 있다. 모든 것을 머릿속에 채워 넣으려 할 필요 없이, 싸고 간편한 문고판 책 한 권만 있어도 25분짜리 설교문 하나를 작성할 수 있다는 것을 이들은 좀처럼 믿으려 하지 않는다는 것이다.

나는 일반 독서 프로그램이 모든 참여자들을 훌륭한 설교자로 변모시켜 준다고 주장하지 않는다. 훌륭한 설교자가 되기 위해서는 일반 독서 프로그램 말고도 많은 것이, 다른 많은 것이 요구된다. 감정을 이입하는 능력, 남을 불쌍히 여길 줄 아는 마음, 사리 분별력, 지적 능력, 그리고 특히 복음이 제시하는 주님을 믿는 생생한 믿음 등. 또 한편으로 나는 훌륭한 설교자라고 해서 모두 폭넓은 독서가라고 주장하지도 않는다. 사실 내가 아는 설교자들 중에는 책을 많이 읽지 않는데도 불구하고 내가 찬탄해 마지않는 어떤 핵심적 방식으로 청중들을 감동시키는 이들이 일부 있다. 어느 지점에서 버튼을 눌러야 청중들을 감격시킬 수 있는지 잘 아는 설교자들만을 두고 하는 말이 아니다. 오랜 세월 성경을 읽고 깊이 연구한 데서 나오는 자연스런 통찰력을 지닌 설교자들이 있다. 이들은 진심으로 타인에게 공감하고 사람들의 삶에 관심을 가지며, 그래서 자연히 사람을 보는 식견을 갖게 된다. 이들은 끈기 있게 기도한다. 이들은 여행을 통해서, 매력 있는 친구들을 통해서, 어쩌면 TV를 통해서, 그리고 목회를 통해서 오랜 세월 생生을 면밀히 탐구하고 거기서 얻는 지혜를 축적해 왔다. 이들은 하나님의 임재를 깊고도 영속적으로 의식하고, 세상에 하나님의 공의가 시행되기를 갈망하며, 어제나 오늘이나 앞으로도 영원히 지칠 줄 모르고 예수 그리스도에게 사로잡혀 있다. 이들은 어떤 스타일의 설교가 교인들을 성장시키는지 고민하면서 그 스타일을 숙달하여 매 주일 열정적으로 설교한다.

그렇게 사역하는 덕분에 이들은 러셀 뱅크스Russell Banks의 소설을 읽지 않아도 육체노동자들의 절망에 대해 잘 안다. 부서진 스크린 도어와 정비소 앞마당 콘크리트 블록 위에 세워진 임팔라 자동차의 의미와 함께 말이다(러셀 뱅크스는 매사추세츠의 가난한 노동자 집안에서 태어나 그 집안에서 처음으로 대학 교육을 받았고, 작가로 데뷔하기 전 배관공, 신발 판매원, 창유리 절단공 등 여러 일을 전전한 경험으로 자신의 작품 속에 많이 등장하는 노동자나 실직자들의 비루한 삶을 사실적으로 묘사했다―옮긴이). 자기 자신이 그런 사람이기에 이 설교자들에게는 "해는 또다시 떠오른다"the sun also rises고 말해 줄 헤밍웨이가 필요치 않다(『해는 또다시 떠오른다』는 1926년에 발표된 헤밍웨이의 첫 장편소설 제목이다―옮긴이). 그냥 창문 밖을 내다보기만 하면 된다. 이들은 줄리안 헉슬리Julian Huxley와 올더스 헉슬리Aldous Huxley가 어떻게 다른지 전혀 모를 수도 있지만, 그런 것에 전혀 신경도 안 쓰고 이들의 설교에 마냥 행복한 청중들 역시 그런 것에 신경 쓰지 않는다(줄리안 헉슬리는 영국의 생물학자·철학자·교육자·작가이고, 올더스 헉슬리는 줄리안 헉슬리와 형제간으로, 소설가·비평가·시인이다―옮긴이).

나는 폭넓게 독서를 하는 사람만이 능력 넘치는 설교를 할 수 있다고 주장하지 않으며, 또한 폭넓게 독서하는 사람이라고 해서 다 능력 있는 설교자가 된다고 주장하지도 않는다. 나의 주장은 그보다는 수수하다. 즉, 훌륭한 은사를 타고나지도 않았고 타인에게 공감하는 능력도 부족한 사람들, 일반 독서 프로그램은 특별히 그런 사람들을 아주 탁월한 방식으로 발전시켜 줄 가능성이 높다는 것이다.

이 책에서 나의 목표는 바로 그 방식을 여러분 앞에 펼쳐 놓는 것이다.

# {2장} 주의 깊은 예화 사용

훌륭한 작가들은 이른바 설교 '예화'illustration를 많이 제공해 준다. 예화란 일화, 유비, 이야기, 블로그에 포스팅된 글, 편집자의 설명, 트위터의 유명한 글, 역사상의 사건, 기억해 둘 만한 금언, 전기 속 인물 소묘, 통계, TV 인터뷰 때 오가는 대화의 단편, 위키피디아에 등장하는 약력略歷, 시구詩句, 방송이나 신문 기사, 그 기사에 대한 사람들의 논평, 영화 줄거리, 본회퍼의『옥중서신』에서 발췌한 문구, 그밖에 설교자가 본문을 주해하고 거기에 깔끔하게 옷을 입혀 주일 아침 그 설교가 "옷을 입고 정신이 온전하여"[1] 보일 수 있도록 하기 위해 모아들여 저장하고 검색해 낸 모든 멋진 자료들을 포괄하는 표현이다.

## 자신만의 자료를 파내라

머리말에서 나는 단순히 예화를 찾기 위해서 일반서적을 읽는 것은 좀 엇나간 행동이라고 말했다. 나는 더 고상한 이유로, 특히 생각의 깊이와 넓이를 더하기 위해 일반서적을 읽고 싶다. 나의 경우, 독서는 그리스도인으로서의 삶에, 그리고 설교에 밀도를 더해 준다. 생각 깊은 설교자는 책 한 권을 읽을 때마다 조금씩 그릇이 커져 간다. 물론 그 과정에서 앞으로 설교할 때 활용할 수 있는 멋진 스토리나 사건 혹은 금언 등도 발견할 것이다. 꾸준히 독서하는 설교자라면 단순히 설교를 꾸며주는 데 그치지 않는 예화거리도 찾아낼 수 있을 것이다. 제대로 선정해서 적절하게 배치한 예화는 하나의 설교 안에서 상당한 역할을 할 수 있게 된다. 설교자가 자기 생각과 경험을 바탕으로 예를 들어 설명하든, 혹은 독서 프로그램이나 다른 어떤 것에서 얻은 자료를 바탕으로 설명하든, 좋은 예화를 구사하기 위해서는 설교자 편에서 고도의 집중이 요구된다.

위에서 말한 "다른 어떤 것"이란 sermonillustration.com이나 sermonideas.net처럼, 시간 없는 설교자를 위해 예화를 미리 만들어 놓고 활용하게 하는 인터넷 사이트일 수도 있다. 그런데 이런 사이트에서 제공하는 예화들은 '유통기한'이 지난 경우가 많다. 우리 설교자가 빌립보서 4장에서 자족에 관해 설교하기로 하고 불만족이라는 어리석음과 관련된 예화를 찾으려 한다고 해보자. sermonillustration.com에서는 다음과 같은 예화를 제공한다.

친구들이 자기보다 훨씬 더 크고 호화로운 집에 사는 것을 보고 어떤 남자가 시기심에 사로잡혔습니다. 그래서 그는 부동산 중개소에 집을 내놓았습니다. 그 집을 팔고 더 그럴듯한 집을 살 심산이었지요. 얼마 후 신문의 부동산 매매란에서 그는 딱 안성맞춤인 매물 하나를 발견했습니다. 그는 얼른 중개업자에게 전화를 해서는 이렇게 말했지요. "오늘 신문에 나온 매물이 딱 제가 찾던 집인데요. 가능한 한 빨리 계약하고 싶습니다." 중개업자는 그에게 몇 가지 사항을 묻고는 이렇게 대답했습니다. "죄송합니다만, 고객님이 마음에 들어 하시는 그 매물은 바로 고객님 집입니다."[2]

물론 있을 법하지 않은 예화이지만, 절반 정도만 읽으면 뒤에 어떤 이야기가 나올지 예측이 가능해서, 설교 예화로서는 다소 실망스러운 구성이다. 그래서 sermonillustration.com에서는 이 짤막한 이야기의 저자를 '익명'으로 해놓고 있다. 충분히 이해가 간다.

설교 사이트에는 좀 더 나은 예화들이 있지만, 좋은 예화는 발 빠른 설교자들이 이미 다 활용했기 때문에 정말로 새로운 예화들을 찾아낼 가능성은 극히 적다. 어느 경우든, 설교자 자신이 관찰한 삶이나 설교자 자신의 독서 프로그램 안에서 자연스럽게 설교자의 시선을 끈 예화가 아니기 때문에, 설교자 자신이 발견하여 자기 것으로 만든 예화는 하나도 없는 셈이다.

## 설교자에게 쓸모없는 경험이란 없다

설교자가 일상의 삶을 관찰하거나 독서를 통해 자기 고유의 예화를 찾아내려고 하면, 두 경우 모두 동일한 수준의 집중력을 발휘하게 된다. 삶의 현장으로 나아가 경험할 경우 설교자의 레이더가 작동하기 시작한다. 예민하게 레이더를 세우고 있는 설교자는 주변에서 많은 것들을 탐지해 내고, 어쩌면 그중 몇 가지는 그의 설교 시간에 모습을 드러낼 수도 있다. 설교에서 종종 그는 말할 지도 모른다. "…를 보신 적 있으십니까?" 혹은 "사람들이 …라고 주장할 때마다 제가 비공식적으로 통계를 내고 있는데요"라고 할 수도 있다. 또 어느 날에는, 자녀를 키우는 부모는 아이가 어서 자라기를 바라지만 정말로 아이가 훌쩍 자라 버리면 몹시 서운해한다는 이야기를 할 수도 있다. 아이가 다 자란 것을 보며 마음이 서운한 데에는 여러 가지 이유가 있다. 그중 하나는, 부모에게서 배운 어떤 의견에 대해 의문을 품기 시작하기 때문이다. 아이들이 그러는 이유가 무엇일까? 그것을 물을 필요는 없다. 부모의 의견은 그 의견 그대로 훌륭하다.

아이들은 어느 시점이 되면 자기 스스로 생각을 하기 시작하고, 부모들은 이에 대해 좀 불안해한다. 우리의 설교자가 이런 이야기를 쭉 하다가 이렇게 말한다고 해보자. "지난번에 시카고에 갔다 돌아오는데, 비행기에서 승무원이 이렇게 말하더군요. '머리 위 짐칸을 여실 때는 내용물이 쏟아져 나올 수도 있으므로 조심하십시오'라고요. 그 말을 들으면서 외지에서 대학에 다니는 아이들이 집에 돌아올 때 어떤 모습으로 돌아오는지 생각했습니다. 아이들은 머릿속이 온통 새로운 생각들로 가득 차서 돌아옵니다. 그래서 저는 부모님들에게 이런 말씀을 드리고 싶습니다. '어머님 아버님, 머리 위 짐칸(자녀들의 머릿속)을 여실 때는 주의하십시오. 내용물이 쏟아져 나올지도 모르니 말입니다.'"

이것이 바로 예리한 눈과 귀를 가진 설교자의 모습이다. 이런 설교자는 리처드 마우Richard Mouw를 닮았다. 머리 위 짐칸에 관한 이 이야기는 그에게서 들은 이야기다. 설교자가 마우만큼 예리하다면 일상생활에서 좋은 예화를 꽤 많이 찾아낼 것이다. 그런데 여기에 폭넓은 독서까지 한다면 그 설교자는 자기 귀와 눈 외에 수많은 눈과 귀를 갖게 되는 셈이다. 그 눈과 귀는 설교자가 가보지 못한 세상에서 열심히 움직이며 멋진 것들을 탐지해 내서 설교 때 활용할 수 있게 해줄 것이다. 이때 설교자의 세밀한 관심은 독서할 때 내면의 거름망 같은 것이 되어서, 설교하지 않을 것과 '설교할 것'을 걸러낸다. 설교를 듣는 우리는 멋진 상승효과의 덕을 보게 된다. 즉, 설교자가 일상의 삶에 세밀히 관심을 가지면 독서에서도 훌륭한 자료들을 탐지할 수 있게 되며, 설교자가 읽는 책의 저자는 설교자로 하여금 일상의 삶에 더욱 세심히 관심을 갖게 해주는 것이다.

훌륭한 설교자는 주변의 일들에 주목한다. 설교자가 주변의 일들에서 건져 올리는 것은 겨우 인간에 관한 것들이다. 설교자가 누구를 만나든 그 사람들은 모두 하나님의 형상을 지니고 있고, 그래서 사실 세상에 '겨우' 인간이기만 한 사람은 아무도 없다는 사실은 논외로 하고 말이다. 사람이라면 누구나 놀랄 만큼 복잡한 깊이를 지니고 있다. 우리의 설교자가 교회의 한 모임에서 십대 소년 브레드와 대화를 나눈다. 남자다운 기백이 넘치는 브레드는 허세를 갑옷처럼 두른 채 자신의 연약한 모습을 덮어 감추고 있었다. 브레드가 그렇게 허세로 자신을 무장해야 하는 이유는, 남동생에게 일어난 어떤 일을 이야기할 때마다 턱이 아주 미세하게 떨리기 때문이다. 브레드 자신은 알아차리지 못하지만 설교자는 그것을 알아차린다. 그리고 브레드에게 어떤 또 다른 사랑, 어떤 민감한 문제가 있기에 허세를 방패 삼아 그것을 숨기려고 하는지 궁금해한다.

훌륭한 설교자는 보고 들은 것을 놓치지 않는다. 설교자에게 있어 삶을 읽어 내는 역량은 성경을 읽는 역량만큼 중요하다. 설교자가 어느 날 한 대학교 운동장에서 남학생들이 농구 경기를 하는 것을 지켜보고 있다. 그런데 뭔가 의아해지기 시작한다. 벽력처럼 덩크슛을 하고 내려오는 선수들 얼굴이 왜 기뻐 보이지 않고 화가 난 것처럼 보일까. 이유가 뭘까? 방금 자기 팀을 위해 득점을 했는데, 그것도 아주 활기찬 몸짓으로. 그런데 왜 저렇게 화가 나 보일까?

혹은 어느 멋진 날 잔디를 깎고 있던 설교자에게 어떤 멋진 주제에 관해 어떤 멋진 생각이 떠오른다. 아주 고급한 영적 주제를 포함해서 말이다. 잔디를 깎다 잠깐 쉬고 있는데 이웃에 사는 톰이 그를 보고는 다가온다. 톰은 멋지고 신실하지만 사람을 지루하게 만드는 데 거의 천부적인 능력을 타고난 남자다. 톰은 아마 토네이도 소리까지도 따분하게 만들 수 있을 터였다. 그는 자기 형수의 남동생의 알레르기 증상에 대해 늘어놓다가, 자연발화 현상으로 무언가 재미있는 일이 자기 안에서 확 타오를 경우 그 불을 끄려고 갑자기 입을 닫아 버릴 것이다.

우리의 설교자는 집중력이 강한 사람이라 톰의 이야기에 귀를 기울인다. 짜증을 내면서가 아니라 톰이 만들어 내는 그 지루한 분위기가 얼마나 대단한 수준인지 감탄하면서 말이다. 그 수준 높은 지루함 속으로 파고들어 가면서 설교자는 톰이 사실은 **매력 있는** 사람이라는 사실을 깨닫기 시작한다. 사람의 용적에는 한계가 있는데 사람 하나가 어떻게 그렇게 넓은 황무지를 다 차지할 수 있는지? 보통 사람이라면 톰이 만들어 내는 그 지루함을 오래 못 견디겠지만 설교자는 톰 때문에 하나님께 감사를 드린다. 한 마디 한 마디 할 때마다 설교에 관해 설교자를 가르치고 있으니 말이다. 그것은 책꽂이 한가득 꽂힌 책들을 다 읽어도 배울 수 없는 것이었다. 특히, 톰을 생각하고 자신의 설교를 생각하면서 설교자는 이렇게 혼잣말을 한다. "몇 가지는 빼! 제발 몇 가지는 빼라고!"

설교자가 사람의 삶에 세심히 집중하면 몇 가지 유익을 얻을 수 있다. 그중 하나는 설교 예화를 얻을 수 있다는 것이다. 물론 그는 비밀을 유지한다. 그는 브레드와 이웃집 톰을 비롯해 누구든 하나님께서 보호하라고 하신 사람 모두를 보호한다.

그러나 그는 미세하게 떨리던 브레드의 턱과 지루함의 최고봉을 날마다 갱신하려고 하는 톰의 단호한 노력을 절대 잊지 않으며, 그들을 관찰한 내용은 설교자의 경험 속에 오래 남게 된다. 어느 날 그는 이 경험에 의지해 설교 예화를 만들어 내게 될 것이며, 그때쯤이면 그 예화는 어느 특정인을 떠올릴 필요가 없는 일반적인 이야기가 되어 있을 것이다. 그래서 브레드나 톰의 프라이버시는 충분히 보호되고 다만 예화 자체에 활기와 진정성을 더해 주는 정도의 역할만 하게 될 것이다.

브레드 같은 소년을 보며 연민을 느낀 경험으로 설교자는 이후 도처에서 그러한 연민의 대상을 찾아내게 될 것이다. 9월의 어느 날 인터넷으로 신문을 보던 중 '염가 코너'라는 제목의 한 광고에 시선이 가게 된다. 광고 내용은 다음과 같다.

웨딩드레스
모리 리. 18사이즈. 작아서 못 입지만 가격표도 떼지 않았고
한 번도 안 입었음. 50달러에 판매 원함.[3]

신부가 결혼 직전 약혼자가 자기와 어울리지 않는 사람이라는 것을 깨닫고 파혼한 것이었으면 좋겠다. 그러나 만일 약혼자가 결혼식을 취소한 것이라면? 결혼식이 그녀의 꿈이었다면? 막판에 다른 남자가 그녀를 사랑한다고 주장한 것이라면? 그녀가

그저 단순한 즐거움을 위해 웨딩드레스를 산 것이었다면?

18사이즈. 작아서 못 입음. 한 번도 안 입었음. 50달러에 판매 원함.

세심한 관심은 설교자의 은사이자 소명으로, 설교자는 세상에서 가장 세심한 사람들의 글을 읽음으로써 그 능력을 키워갈 수 있다. 또한 그 글에서 설교 예화도 모아들여 설교에 생생한 활기를 불어넣을 수 있다.

### 부캐넌, 윌리몬, 러틀리지, 존커의 사례

시카고의 제4장로교회에서 26년, 존 부캐넌은 열정을 가지고 설교했다. 부캐넌의 설교에는 그가 읽은 책을 바탕으로 한 갖가지 인용문, 바꾸어 표현한 말, 요약문, 참고 사항 등이 거의 예외 없이 등장한다. 2007년의 어느 주일, 부캐넌은 예수께서 행하신 기적 중 성경에 기록된 첫 번째 기적, 곧 가나 마을에서 물을 포도주로 변화시키신 일에 대해 설교했다. 이 기적 이야기에서 부캐넌이 떠올린 것은 시인이자 농부인 웬델 베리Wendell Berry가 쓴 다음과 같은 글이었다.

누구든 실제로 들의 백합화와 공중의 새를 생각해 보고 그들의 존재가 얼마나 있을 법하지 않은 일인지 곰곰 생각해 본 사람이라면, 물이 포도주로 변했다는 것을 주저 없이 인정할 것입니다. 따지고 보면 그것은 아주 작은 기적이기 때문입니다.

우리는 좀 더 큰 기적, 그리고 지금도 계속되고 있는 기적은 잊고 있습니다. 물에 흙과 햇빛만 있으면 포도 열매가 되는 그런 기적 말입니다.[4]

부캐넌의 예화는 예수님의 기적이 하나님의 놀라운 창조 행위 안에 자리하고 있음을 알려 준다. 그렇게 함으로써 이 예화는 듣는 이들이 들의 백합과 공중의 새와 포도밭의 포도에 새삼 기쁨을 느끼게 만든다.

2008년의 어느 주일, 부캐넌은 구속하시고 죄를 사해 주시는 하나님의 은혜에 대해 설교했다. 그는 죽을 수밖에 없는 존재인 우리 인간의 변변찮은 공로에 대해 이야기함으로써 하나님의 그 강력한 역사에 대한 설명을 갈음하려 했다. 그러기 위해 부캐넌은 작가 이언 매큐언Ian McEwan이 자신의 소설 『속죄』(*Atonement*)와 이를 각색한 동명의 영화에서 이야기하고 있는 스토리를 요약해서 들려주었다. 열세 살 소녀 브라이오니는 언니 세실리아가 가정부의 아들 로비와 호감이 실린 만남을 갖고 있는 것을 얼핏 보게 되고, 나중에 로비가 언니에게 쓴, 그러나 보내지는 않은 격정적인 러브레터를 읽게 된다. 로비는 다만 세실리아를 동경하는 마음에서 그 편지를 쓴 것이었다. 그러던 중 사촌 롤라가 누군가에게 겁탈을 당하는 사건이 일어나자 브라이오니는 로비가 범인임에 틀림없다고 결론 내리고 그의 얼굴을 봤다고 거짓으로 주장한다. 브라이오니의 증언으로 로비는 감옥으로 끌려가며 세실리아의 가슴을 찢어 놓는다.

브라이오니는 어른이 되어 가면서 자신이 다른 사람에게 얼마나 큰 괴로움을 끼쳤는지 깨닫게 되고 이를 속죄하려 하지만, 한 가지 끔찍한 진실만을 발견하게 된다. 메뚜기가 먹어 치운 세월은 결코 되돌릴 수 없다는 진실 말이다(욜 2:25 참조—옮긴이). 인간의 속죄 시도는 그렇게 불완전하고 어수선할 뿐이다.[5]

같은 해 5월 11일, 설교자 부캐넌은 하나의 도전에 직면했다. 그 해에는 성령강림절과 어머니날이 겹쳤다. 부캐넌은 목사이자 한 사람의 교인이기도 하다. 그는 성령강림절 설교를 하고 싶었다. 그러나 그 주일은 어머니날이기도 했기에 부캐넌은 이렇게 말했다. "상식 있는 설교자라면 감히 어머니날을 무시하고 넘어가지 못할 것입니다. 해마다 누군가가 전화를 해서 이렇게 말하니까요. '주일에 어머니를 교회에 모시고 가니까 좋은 설교 부탁드립니다. 어머니는 총기규제법 같은 건 듣고 싶지 않으실 거예요.'"

하지만, 감상적이지도 않고 어머니날 카드에 이미 적혀 있는 식상한 말도 아닌, 그런 어머니날 설교 예화를 어디에서 찾을까? 그는 게리슨 케일러의 감성적인 글이 모여 있는 방대한 자료를 뒤적인다. 때마침 케일러가 며칠 전 「시카고트리뷴」(*Chicago Tribune*) 지에 특별기고문을 썼다는 것을 알게 된다. 부캐넌의 교인들 중에는 이미 이 기사를 읽은 이들이 많을 테지만, 그는 이 기사를 어떤 식으로든 활용한다. 좋은 예화는 좋은 노래처럼 여러 번 들어도 좋기 때문이다. 특별기고문의 제목은 '어머니만큼

나를 사랑하는 사람은 없다'이다.

케일러는 이렇게 썼습니다. "어머니는 당신을 사랑하신다. 얼굴에 뱀 문신을 하고 와도 어머니는 좋은 점만 보실 것이다. 당신이 어려운 일을 당하고 있는 것을 어머니는 아신다. 살다 보면 큰 어려움에 빠질 날이 있다. 내 말을 믿으라. 그런 날에도 어머니는 당신을 사랑하실 것이다. 늙은 암사자처럼, 어머니는 달려오실 것이다. 당신이 2,000마일 밖에 있을지라도."[6]

설교자가 독서에서 보화를 캐내는 것은, 성경 본문의 상황이나 사람 혹은 개념을 조명하기 위해서다. 설교자는 어느 주일, 듀크 채플Duke Chapel의 윌리엄 윌리몬William Willimon처럼 복음서의 한 장면을 눈앞에 두고 있다. 예수께서는 지금 큰 재난을 당한 사람들의 죄를 책망하라는 대중들의 요구에 저항하고 계신다. 망대가 무너져 사람들이 죽자 모두들 "그 사람들은 **뭔가** 지은 죄가 있을 것!"이라고 말하고 싶어 한다(눅 13:4). 윌리몬처럼 설교자는 손턴 와일더Thornton Wilder의 『산 루이스 레이의 다리』(*The Bridge of San Luis Rey*) 한 구절을 인용할 것이다.[7] 이 작품은 남미의 한 마을에서 다리가 끊어지는 바람에 마을 사람 여섯 명이 목숨을 잃은 사건을 중심으로 한 심란한 소설이다. 그 지역 사제는 마을 사람들 중에서도 왜 그 여섯 사람이 사고를 당했는지 그 이유를 밝혀내기로 했다. 그 여섯 사람은 무슨 짓을 저질렀는가? 어떤 죄를 지었는가? 사제는 여섯 사람이 살아온 삶을 조사한 끝에 이들이 무사히 다리를 건넌 다른 사람들보다 특별히 더 훌륭하지도 더 나쁘지도 않다는 결론에 이르렀다.

"그 사람들은 **뭔가** 지은 죄가 있을 것이다!" 분명 아니었다.

어떤 주일의 본문은 로마서 7장, 바울이 의지의 속박에 관해 설명하는 장이다. 바울은 "내가 원하는 바 선은 행하지 아니하고 도리어 원하지 아니하는 바 악을 행하는도다"(19절)라는 유명한 말을 기록한다. 어느 시점에서 우리의 설교자는 윌리엄 포크너 William Faulkner가 노벨 문학상을 받으면서 "인간 드라마의 핵심은 마음 그 자체와 갈등하는 마음"이라고 했던 것을 언급한다. 설교자는 포크너를 인용해 바울의 말에 한층 힘을 실어 준다.

또 어떤 주일, 설교자는 셰익스피어를 동원하여 그날 본문인 고린도전서 13장의 "사랑은 언제까지나 떨어지지 아니하되"(8절)라는 말씀을 설명한다. 셰익스피어는 소네트 116에서 이렇게 말한다.

변화를 만날 때 변하는 사랑은
사랑이 아니라……
아, 사랑은 요동하지 않는 지표니
폭풍우를 만나도 흔들리지 않음이라……


마지막 두 사례는 플레밍 러틀리지의 설교로, 러틀리지는 광

범위한 독서를 바탕으로 본문을 생생하게 설명하여 주목할 만한 효과를 거둔다.[8] 포크너와 셰익스피어의 경우에서처럼, 러틀리지가 인용하는 말은 본문의 의미를 강화시키는 역할을 하지만, 그보다는 본문의 의미를 돋보이게 하는 장식, 정직한 장식인 경우가 더 많다. 러틀리지는 사람들이 신앙을 논박하는 충격적인 말들, 특히 프로이트의 입에서 나오는 그런 말들을 진지하게 인용한다. 신앙을 멸시하는 교양인들을 무조건 무시하기 전에 먼저 그들에게서 배울 건 배워야 한다는 것이 러틀리지의 입장이다.

설교자가 독서를 하면서 설교 때 인용할 만한 단 한마디 말을 원할 때도 있다. 윌리엄 윌리몬은 1995년 4월 어느 날 죄에 관해 강한 어조로 설교하면서 인간의 문제는 인간의 죄, 우리의 죄, 나의 죄라고 거듭해서 말했다. 그리고 그는 이렇게 결론을 맺었다. "그래서 G. K. 체스터튼Chesterton(영국의 시인·평론가·소설가—옮긴이)은 '세상은 무엇이 문제인가'라는 주제로 글을 써 달라는 잡지사의 요청을 받고 편집자에게 이렇게 대답했습니다. '세상이 뭐가 문제인지 한마디로 말한다면, **바로 나**I am입니다'라고 말입니다."[9]

이렇게 설교자는 독서에 의지해 인간의 죄를 조명하고 선한 사람의 삶 속에 있는 악의 미스터리를 조명할 수 있다. 물을 포도주로 변화시키는 것과 같은 창조 기적, 혹은 예수께서 세상의 죄를 온전히 대속하신 것과 같은 구속의 기적을 밝게 조명한다. 설령 인간의 속죄 시도가 얼마나 어설픈지 대조하는 방식으로 사용할 수밖에 없을지라도 말이다. 설교자는 "사랑은 언제까지나 떨어지지 않는다"는 성경의 주장을 강화할 수도 있고, 종교를 싫어하는 사람들의 말을 인용할 수도 있다. 그는 설교에서 그 사람들의 오류를 바로잡을 것이며, 기독교를 싫어하는 사람들이 무슨말을 할 수밖에 없는지에 대해 생각하게 만들 것이다. 어떤 특정한 주제에 관한 한, 흐트러짐 없는 믿음으로 우리에게 아무런 도전도 주지 않는 우리의 복된 형제자매보다는, 신앙을 멸시하는교양인들에게서 배울 것이 더 많을 수도 있다.

예화를 반드시 포크너나 셰익스피어 혹은 손턴 와일더에게서 얻을 필요는 없다. 예화는 『해리 포터』나 「피플」지, 혹은 제리 샌더스키Jerry Sandusky의 자서전에서도 얻을 수 있다(제리 샌더스키는 전 펜실베이니아 주립대학 풋볼팀 코치로, 아동 성추행 혐의로 구속되어 사실상 종신형을 선고받았다. 제리의 자서전 *Touched: The Jerry Sandusky Story*는 이 추문이 드러나기 전에 출판되었다―옮긴이). 예화는 신학자 칼빈에게서도 얻을 수 있고, 만화 '캘빈과 홉스' 또는 캘빈 클라인의 광고 문구에서도 얻을 수 있다.[10] 예화는 어디에서나 얻을 수 있다.

예화 자료의 고전적 위치는 물론 설교 도입부다. 도입부에서 예화를 사용하여 그날 성경 본문의 주제를 확실히 해줄 개념을 제시하고, 청중들이 그 주제에 대해 생각할 수 있는 분위기를 만드는 것이다.

2011년 추수감사절, 우리의 설교자 피터 존커Peter Jonker는 시편 65편을 본문으로 경이로운 설교를 했다. 도입부에서 그는 셋 맥팔레인Seth MacFarlane의 인생 이야기를 했는데, 맥팔레인은 NPRNational Public Radio에서 '프레쉬 에어'를 테리 그로스Terry Gross와 함께 진행한 사람이다. 또한 풍자만화가이자 코미디언이다. 그는 코믹 애니메이션 '패밀리 가이'의 각본을 쓴 사람으로, 설교자는 이 작품을 가리켜 "아마 가장 냉소적인 텔레비전 프로임에 틀림 없을 것"이라고 했다.

테리 그로스는 맥팔레인에게 9·11 사건에 대해 물었다. 온 나라가 슬픔에 빠진 그 비극의 날, 맥팔레인은 보스턴에서 LA로 가는 아메리칸항공 11편 비행기를 예약했다가 로건 공항에 늦게 도착하는 바람에 비행기를 놓쳤던 것 같다. 알다시피 납치범들은 11편 비행기를 몰고 세계무역센터 북쪽 건물로 돌진했다.

설교자는 이렇게 말했다. "맥팔레인은 원래 그 비행기에 탔어야 했습니다. 스물아홉 나이로 세상을 떠났어야 합니다. 그런데 어쩐 일인지 그 끔찍한 날이 다 저물 무렵 그는 자신이 건강하게 살아, 태양을 향해 얼굴을 들 수 있다는 것을 깨달았습니다."

테리 그로스는 피할 수 없는 질문을 했다. "그렇게 가까스로 죽음을 면한 뒤, 그 이후의 삶을 선물로 여기고 있습니까?"

"아뇨." 맥팔레인은 말했다. "그 경험은 나를 전혀 변화시키지 못했습니다. 살아가는 방식도 전혀 달라지지 않았고요. 내가 세상을 보는 눈도 달라지지 않았습니다. 그건 그냥 우연일 뿐이었어요."

우리 설교자는 맥팔레인이 곧 시작될 감사의 위협 앞에 '미사일 방어 시스템'을 구축했다고 논평했다. 감사가 그의 영혼에 자리잡고 영원히 그를 변화시킬 수도 있었을 텐데, 그것을 막았다고 말이다.

맥팔레인, 곧 "감사를 훔쳐간 그린치"Grinch (닥터 수스 원작 『그린치는 어떻게 크리스마스를 훔쳤을까』의 주인공. 흥을 깨는 사람의 전형—옮긴이)는 언제 어디서든, 특히 목숨을 잃을 위험에서 빠져나왔을 때는 하나님께 감사하는 것이 옳다는 사실에 대해 피터 존커가 꼭 해야 했던 말을 완벽히 구현해서 보여 준다.

설교자는 설교 말미에서 적절한 예화 하나로 메시지를 요약하고 결론 맺을 수도 있다. 그날 설교 본문이 하나님의 섭리에 관련된 말씀이었다고 가정해 보자. 하나님의 섭리는 그럴 법하지 않은 일들과 그럴 법하지 않은 사람들로 무엇인가를 이루어 내기 위해 늘 역사하고 계시다고 말이다. 설교자는 린든 베인스 존슨을 떠올리고, 존슨을 다룬 로버트 카로의 여러 권짜리 방대한 전기를 떠올린다.

텍사스 언덕 마을의 젊은 교사 존슨은 카툴라의 '멕시코인 학교' 학생들에게 가슴 따뜻한 선생님이었다. 그는 학생들의 빈곤, 그들의 굶주림, 그들의 고통을 보고 그들의 편이 되었다. 그는 학교에 일찍 출근하고 늦게 퇴근했다. 방과 후에는 운동기구들을 들어 나르고 아이들이 사는 오두막집을 방문하며 아이들과 가까워졌다. 그는 인정 많은 교사였다.[11]

그러나 야망은 그를 하원에 진출하게 만들었고 이어 상원에까지 이르게 했다. 1949년 존슨은 텍사스 출신의 신진 의원으로 미국 상원에 등장했다. 그 뒤로 그는 승승장구하며 당내 2인자를 거쳐 1인자의 자리에 올랐다. 그리고 1955년 민주당이 상원을 접수하면서 마침내 다수당의 당 대표가 되었다. 역대 대표 중 가장 막강한 권력을 지닌 당 대표였다.

로버트 카로의 말에 따르면, 권력은 존슨에게 먹을 것과 마실 것이었다. 존슨은 이런 말을 즐겨 했다. "나는 권력이 뭔지 알지. 세상이 나에 대해 어떤 말을 하든 말이야. 어디에서 권력을 찾아야 하는지, 어떻게 그것을 사용해야 하는지 나는 알아."[12] 권력에 대해 존슨이 알고 있었던 것 하나는, 권력은 타이밍과 의회 운영 절차를 숙지하는 것뿐만 아니라 의원들의 개인 이력을 통달하는 데서도 나온다는 것이었다. 그래서 존슨은 의원들에 대해 꼼꼼히 알아 나갔다. 역사학자 아서 슐레징어<sup>Arthur Schlesinger</sup>와 함께 있을 때의 일이다.

[존슨은] 의원 명부를 죽 훑어 내렸다. 각 의원의 강점과 약점, 누가 술을 좋아하는지, 누가 여자를 좋아하는지, 어떤 의원은 자택으로 찾아가야 할 때와 정부<sup>情婦</sup>의 집으로 찾아가야 할 때를 어째서 알아야 하는지, 누가 자기 지역구 거대 전력회사의 입김에 조종당하고 있는지……이 주장에 호응하는 의원은 누구이고 저 주장에 호응하는 의원은 누구인지 그는 다 꿰뚫고 있었다.[13]

상원의 권력은 상당 부분 보수적인 남부 민주당 연합이 쥐고 있었기 때문에 존슨은 오랜 세월에 걸쳐 그쪽 의원들을 측근으로 만들어 나갔다. 특히 1950년대 초에는 수치스러운 줄도 모르고 대놓고 그들에게 아부를 했다. 마주 앉을 때 그들을 우러러볼 수 있도록 바닥에 앉기까지 했고, 어떤 때는 지나치다 싶게 자기 아버지에 대해 찬사를 늘어놓다가 잠시 후 앞에 앉아 있는 의원에게 "당신은 꼭 내 아버지를 닮았군요"라고 하기도 했다.[14] 남부 민주당 연합이 자신을 정치적으로 출세시켜 줄 수 있다는 것을 깨달은 존슨은 특별히 '주 정부의 권리'states' rights에 근거해, 온갖 술수가 담긴 주머니를 들고 다니며 이 연합의 지위를 보호했다. 그는 의원들의 신상을 속속들이 알고 있는 것에 의지해 때로는 거짓말을, 때로는 아첨을, 때로는 특정 의원 따돌리기를 하는 등 입신출세를 위해서는 수단 방법을 가리지 않았다. 그는 그 장신의 체구를 상대 의원 쪽으로 기울인 채 큼지막한 손으로 상대의 옷깃이나 어깨 혹은 넥타이를 움켜쥐고, 다른 한 손으로는 상대의 가슴에 잽을 날리곤 했다. 어떤 의원의 경우에는 그의 습관을, 어떤 의원의 경우에는 그의 자부심이나 두려움을 교묘히 이용해, 협박하거나 감언이설로 부추기거나 혹은 간절히 매달렸다. 누군가를 돕고는 반드시 신세 갚을 것을 요구했다. 1949년부터 1956년까지 린든 존슨은 자신의 권력을 총동원하여 상원에 상정된 공민권법(인종차별 철폐 법률) 법안 통과를 철저히 저지시켰다.

그러던 중 1956년 8월, 시카고에서 열린 민주당 전당대회에서 존슨이 다크호스로 대통령 후보가 될 수도 있다는 소문이 돌았다. 그 같은 가능성에 마음이 들뜬 존슨은 대통령병을 앓기 시작했다. 그러나, 상상 속에서 백악관에 입성하는 꿈을 꾸던 그는 공민권법과 관련한 전력 때문에 전당대회에서 자신이 '일부 분파'의 후보로 전락했다는 사실을 알고 망연자실했다. 그에게서는 "목련꽃 향기"(인종차별을 주제로 한 데이빗 실비앙의 노래 '이상한 열매'strange fruit의 가사에 등장하는 문구—옮긴이)가 났고, 대통령 후보가 되고 싶었던 그의 소망은 인종차별주의자라는 의혹의 시선으로 인해 물거품이 되고 말았다.[15]

1956년 가을, 린든 존슨은 신중히 생각을 가다듬었다. 그리고 1957년, 그는 권모술수의 주머니를 다시 한 번 열었다. 의원들을 조종하고 협박하고 애원하고 감언이설로 꾀었다. 그리하여 남부에 세력 기반을 이루고 있는 의원들로 하여금 자신이 여전히 그들 편이라 믿게 만들어 놓고 다른 한편으로는 그들의 이익에 반하는 행동을 했다. 그는 남부 출신 의원 중 가장 힘 있는 사람으로 손꼽히는 조지아 주의 리처드 러셀을 상대로, 공민권법 운동에 뭔가를 양보한 후에야 존슨 자신이 대통령이 되어 남부의 이익을 위협하는 좀 더 강력한 법안이 상정될 때 이를 저지하여 남부를 보호해 줄 수 있다고 회유했다.[16] 그 후 1957년 8월 29일, 린든 존슨은 공민권법을 상원에서 우격다짐으로 통과시켰으니, 노예제 폐지 이후 80여 년만에 제정된 최초의 공민권법이었다. 물론 존슨은 이 여세를 몰아 후에 대통령이 되었고, 시민의 권리를 위해 20세기 미국의 다른 어떤 대통령보다도 많은 일을 했다. 한 편으로는 약자를 불쌍히 여기는 마음과 한편으로는 권력의 정점 에 서고 싶다는 야망이 마침내 평행선을 달리게 되었던 것이다.[17]

그날 우리 설교자의 설교 주제는, 하나님은 언제나 역설의 주 인이시라는 것, 하나님은 휘어진 화살로도 언제나 과녁을 명중시 키신다는 것, 하나님의 섭리는 참으로 신비스럽다는 것이다. 그 는 설교 중에 그냥 이렇게만 말을 할 수도 있었다. 하지만 만일 린든 베인스 존슨의 삶에서 예화를 들어 설명한다면, 그 주제를 청중들에게 매우 흥미진진하게 납득시킬 가능성이 크다.[18]

좋은 설교에서 예화 자료는 단순히 하나의 장식 이상의 역할 을 할 수 있다. 프레드 크래독Fred Craddock(에모리 대학 명예교수로 설 교와 신약을 가르치는 현대 설교학의 거장―옮긴이)의 말을 들어 보 면, 예화는 최선의 경우 설교의 "힘줄과 뼈"가 될 수 있다. 좋은 예화 소재는 설교의 일부분이 되되, 만일 그 예화를 빼면 설교의 한 부분이 무너져 내릴 정도까지 될 수 있다.

### 마음을 감동시키다

설교자가 감정적 효과를 위해 예화 소재를 고른다면 청중들은 특 별히 더 마음의 감동을 받을 수 있다. 감정적 효과를 위해 예화를 고를 때는 설교자의 마음이 순수해야 한다. 청중을 감동시키는 이야기와 일화를 들려주었는데, 그 과정에서 그들의 마음을 조종 하게 되는 결과가 빚어지는 것을 많은 설교자들이 깨닫는다.

그러나 오용하게 된다고 해서 선한 용도를 부인해서는 안 된다. 전혀 가슴에 와 닿지 않는 설교는 공허하게 느껴질 수 있다. 성실한 설교자라면 예화를 이용해 청중들의 마음을 조종하지 않는다. 성실한 설교자들이 사용하는 예화는 신학적으로 정당한 근거가 있다. 특히 하나님의 목적을 찾아내고 그것을 우리 삶에 적용할 수 있도록 영감을 주는 예화라면 말이다.

조나단 에드워즈 Jonathan Edwards가 말하기를, "참된 신앙은 상당 부분……심장이 뜨겁게 작용하는 데 있다"고 했다.[19] 에드워즈가 한 말의 핵심은, 참된 신앙은 우리의 열정에 불을 붙일 뿐만 아니라 그 열정이 바른 방향을 향하게 만든다는 뜻이다. 세상은 선으로 가득하다. 경건한 사람이라면 전심으로 선에 "예" 하고 그에 따라 행동할 것이다. 세상은 또한 악惡으로 가득하다. 경건한 사람은 전심으로 악에 대해 "아니"라고 하고 그에 따라 행동할 것이다. 세상은 온통 선과 악으로 뒤섞여 있다. 그래서 어떤 현상에 대해 "예"라고 해야 할지 "아니오"라고 해야 할지, 그리고 그에 따라 어떻게 처신해야 할지 결정하기 전에 먼저 분별력이 요구될 때가 있다.

어느 경우든, 참된 신앙은 우리의 중심, 곧 "악을 미워하고 선에 속하"는(롬 12:9) 곳에서부터 시작된다. 마음으로 "예" 하고 "아니오" 하는 데 따르는 결과가 참 신앙의 중심에 자리잡는다. 우리가 찬양을 말로만 하지 않고 노래로 하는 이유가 바로 이것이라고 에드워즈는 말했다. 우리가 말씀을 단순히 읽기만 하지 않고 설교하는 이유도 바로 이것이다. 우리가 성찬 때 "우리 하나님을 먹고 마시는" 이유도 바로 이것이다.[20] 즉, 이런 것들이 바로 하나님께서 관례적으로 인간의 마음을 사용하시는 방식이기 때문이다.

그러므로 설교자가 존 스타인벡의 『분노의 포도』를 읽는 것은 단순히 거기서 어떤 통찰을 얻거나 서사 전개 방식을 배우거나 이야기 구조와 관련된 지혜를 얻기 위해서가 아니다. 설교자가 이 책을 읽는 것은 소설 속 인물들이 서로를 측은히 여기는 모습, 정의를 갈망하는 모습에 감동받기 위해서다. 설교자가 캘리포니아로 향하는 마 조드 일가를 좇는 것은 그가 아주 단순한 사실 한 가지를 알고 있기 때문이다. 즉, 자신의 설교를 통해 하나님께서 사람들의 마음을 감동시키기 원하신다는 것, 그래서 먼저 설교자 자신이 감동받을 자세가 되어 있지 않고서는 위의 사명을 이룰 소망이 없다는 것이다.

오늘의 설교 본문이 이사야서나 예레미야서, 혹은 에스겔서 중 하나님의 심판이 그 땅을 얼마나 황폐하게, 한 집을 얼마나 황폐하게, 혹은 한 백성을 얼마나 황폐하게 만들 수 있는가에 관한 부분이라고 해보자. 바람이 몰아쳐 온 땅의 작물을 다 휩쓸어 가고, 농장의 가축들은 다 팔려 나가거나 떠돌아다니고, 도성은 유령마을로 변해 버렸고, 집들은 버려졌다. 이 정경을 무엇에 비유할까? 설교자는 적당한 예화를 찾아 미시간의 디트로이트(한때 자동차 산업의 메카였으나 산업 퇴조로 인구가 줄고 세수가 줄어 도시가

파산하면서 공공 서비스가 무너지고 수많은 건물들이 버려졌다―옮긴이)나 아메리카 평원의 공동화空洞化된 마을들을 돌아다녀 볼 수도 있다. 설교자는 자기 자신의 경험을 바탕으로 황폐화에 대해 설명할 수도 있다.

또 설교자는 『분노의 포도』를 읽으며 은행이 소작농들을 땅에서 밀어내고 큰 바람이 작물을 휩쓸어 가며, 경매인들이 가축을 팔아넘기고 집들이 버려질 때 무슨 일이 생기는지 알 수도 있다.

사람이 떠나고 집이 버려지는 것은 어떤 풍경일까? 거장의 솜씨가 묻어나는 한 장면에서 스타인벡은 그 정경을 다음과 같이 묘사한다.

전에는 어림도 없는 일이었지만 문 앞에는 잡초가 돋아 있고 현관 바닥 판자 사이로도 풀이 자랐다.……지붕 덮개에서는 녹슨 못 부분에서부터 균열이 시작되었다. 어느 날 밤, 바람이 지붕널 한 장을 흔들어 바닥으로 튕겨 떨어뜨렸다. 또 한 차례의 바람이 지붕널 떨어져 나간 자리로 파고들며 세 장을 더 들어 올렸고, 이어서 불어온 바람에 여남은 개가 더 떨어져 나갔다. 밤이면 들판에서 들고양이들이 살금살금 기어들어 왔지만 전처럼 문 앞에서 야옹거리지 않았다. 녀석들은 마치 달을 가로지르는 구름 그림자처럼 집 안으로 스며들어 생쥐 사냥에 몰두했다. 바람 부는 밤이면 온 집 안의 문들이 쾅쾅 여닫겼고, 너덜너덜해진 커튼이 깨진 창문 안에서 펄럭거렸다.[21]

버려진 집의 황폐한 모습을 묘사하는 이 몇 행의 문장은 아마도 너무 많은 설교자들에게 인용되었을 것이다. 어쩌면 설교자는 일부 구절을, 혹은 이 단락 전체를 자기 말로 바꾸고 싶었을지도 모른다. 마지막 한 줄, "바람 부는 밤이면 온 집 안의 문들이 쾅쾅 여닫혔고, 너덜너덜해진 커튼이 깨진 창문 안에서 펄럭거렸다"만 빼고 말이다.

설교자는 스타인벡을 읽고 버려진 집이 어떻게 무너져 가는지 세세히 알게 된다. 『완전 초보를 위한 압류 주택 구입 가이드』를 보면 더 상세한 것을 알게 될 수도 있지만, 그런 책을 훌륭한 문학서로 칠 수는 없을 것이다. 버려진 집에 관해 이야기하는 훌륭한 문학서를 읽는 이유는 한마디로 그 집에 살던 사람들에게 관심을 갖게 만들기 때문이다. 설교자는 책이 묘사하는 황폐함을 몸으로 느낄 수 있고, 그 느낌에는 어쩌면 사람을 측은히 여기는 마음결이 자리잡고 있을 수도 있는 것이다.

청중들에게 황폐하다는 것이 어떤 풍경인지 보여 줄 수 있다면, 황폐함을 실감하게 해줄 수 있다면, 그 설교자의 시편 137편 설교는 더욱 통렬해질 것이다. 시편 137편에서 하나님의 백성들은 바벨론 강가에 진을 치고 앉아 통곡했다. 이들은 굴욕감을 느꼈고 집을 그리워했다. 이들은 떠나온 고향 도성이 유령마을이 되어 있으리라는 것을 알고 있다. 큰 바람이 땅의 작물을 휩쓸어갔고, 경매인들이 가축을 팔아넘겼고, 예루살렘의 집들에서는 바람에 문들이 쾅쾅 여닫히고 깨진 유리창 안쪽에서는 넝마가 다

된 커튼이 펄럭거리고 있다.

"우리가 바벨론의 여러 강변 거기에 앉아서 시온을 기억하며 울었도다"(시 137:1).

## 올바르게 판단하라, 부디

자기가 읽은 책에서 예화를 찾는 설교자는 어느 한 문장을 인용할 수도 있고 자기 말로 표현을 바꿔서 전달할 수도 있고 내용을 요약할 수도 있지만, 어느 경우든 판단의 문제에 직면할 것이다. 지금 이 상황에서 이 예화가 얼마나 적절한가? 얼마나 색다른가? 이런저런 사람들이 다 모여 있는 이 회중에게 얼마나 적합한 이야기인가? 폭력적 내용이 등장하는 예화일 경우, 회중 가운데 앉아 있는 초등학교 3학년 학생에게 그 폭력성을 어느 정도나 전달해야 하는가? 정치 문화를 바탕으로 한 예화일 경우, 션 해너티 Sean Hannity나 레이첼 매도우Rachel Maddow 같은 이름을 들을 때마다 피가 들끓는 사람은 설교 중에 정신이 산만해지지 않을까?(션 해너티는 폭스 TV에서 정치평론 프로그램을 진행하고 있는 보수 논객이고, 레이첼 매도우는 MSNBC에서 '레이첼 매도우 쇼'를 진행하는 진보 성향의 여성 앵커이며 동성애자로 알려져 있다―옮긴이).

설교자는 예화와 관련하여 늘 이런 판단의 문제에 직면한다. 주어진 설교에 예화를 얼마나 많이 사용할까 하는 문제를 포함해서 말이다. 생생하게 설명하기 좋아하는 설교자는 자기도 모르게 흥분해서 도무지 가닥을 잡을 수 없는 줄거리와 일화로 가득한 설교를 할 수 있다. 구슬이 서 말이라도 꿰어야 보배다. 꿰지 않은 구슬더미 같은 그런 설교는 듣는 이들을 지치게 만들 수 있다.

설교자는 예화의 적정 분량에 관해서도 바른 판단을 할 필요가 있다. 예화 분량이 너무 많으면 위험 부담이 크다. 설교의 다른 부분이 예화에 파묻힐 수가 있기 때문이다. 반대로 어떤 자료에서 거두절미하고 특정 부분만 콕 집어 와서 예화로 사용할 경우에 듣는 이들이 어리둥절해할 수 있고, 그래서 설교자가 앞뒤 맥락을 다시 설명하려고 하다 보면 시간도 더 들어가고 말재주도 필요하게 된다.

설교자에게 다른 무엇보다도 필요한 것은 올바른 판단이다. 어느 주일, 설교자가 요한복음의 서막 부분을 설교하고 있다고 해보자. 단도직입적으로 말해서 이 부분은 매우 고차원의 말씀이다. 요한복음 서막은 성경의 다른 어느 부분 못지않게 화려한 문학성을 보여 준다. 이 부분을 설교할 때 설교자는 자신이 무엇을 설교하고 있는 것인지 정확히 알아야 한다. 특히 요한이 사용하는 호 로고스*ho logos*라는 용어를 어떻게 해석해야 할지 알아야 한다. 이는 말씀The Word이라는 뜻이다. 설교자는 요한복음에서 이 용어의 기원을 연구한다. 이 말은 유대인들이 쓰는 말인가, 헬라인들이 쓰는 말인가, 아니면 혼종어混種語인가? 요한복음에서 말하는 "말씀"이란 실제의 형이상학적 실체, 아마도 당시 예수로 성육신한 하나님의 계시의 본질을 언급하고 있는 것일까? 그렇다면 그 해석은 예수님의 선재pre-existence 개념에 유리하게 작용하는가, 불리하게 작용하는가? 그리고 이 모든 것은 삼위일체 교리에 어떤 의미를 지니는가?

많은 연구 끝에 우리의 설교자는 어쩌면 1절에서 벌써, 아니면 서막 얼마 뒤에서 확실히 결론 내린다. "말씀"은 정확히 예수님을 가리키는 은유metaphor로 작용한다고 말이다. 예수님이 "말씀"이시다. 이는 예수님을 "참 빛"이라고 부르는 것과 비슷하다. 예수님을 "길" 혹은 "진리" 혹은 "생명"이라고 부르는 것, 혹은 "생명의 떡"이라고 부르는 것과 비슷하다. 마찬가지로, 예수님은 주목할 만한 수준으로 성부 하나님을 대변하는 분이시기에 요한은 예수님을 그저 "말씀"이라고 칭한 것일 수 있다. 따지고 보면 예수님만이 성부께서 말씀하시는 것을 듣고 그대로 말씀하신다.

이제 목요일 정오쯤이 되면 우리 설교자는 이 유명한 메타포를 회중들에게 어떻게 확실히 이해시킬지 고민한다. 커피를 마시며 쉬는 시간, 설교자는 아마존닷컴을 두루 둘러보다가 프랭크 시나트라의 노래 '마이 웨이' 발표 45주년 기념 앨범 광고에 시선이 간다. 사실 그는 시나트라에 대해 별로 아는 것이 없지만 부모님이 시나트라 이야기를 자주 하시던 기억이 나서 위키피디아에서 시나트라에 대해 검색을 해보다가 깜짝 놀란다. 주일 설교와의 접촉점을 찾은 것이다.

1946년, 당시 이미 미국에서 가장 인기 있던 이 가수가 첫 번째 앨범을 냈다. 앨범 제목은 '더 보이스 오브 프랭크 시나트라' The Voice of Frank Sinatra였다. 그때부터 시나트라는 흔히 '더 보이스'라고만 불렀다. '더 보이스'가 Come Fly with Me를 불렀다. '더 보이스'가 Strangers in the Night을 불렀다. '더 보이스'가 I did it My Way를 불렀다. 그리고 우리의 설교자는 놀라워하며 메모한다. '더 보이스'가 침실 가득 울려 퍼지는 동안 잉태된 아이가 1946년부터 지금까지 약 천만 명으로 추산된다는 사실을.

바로 그거다. 설교자는 감을 잡았다. 예수님을 '말씀'The Word 이라고 부르는 것은 프랭크 시나트라를 '더 보이스'The Voice라고 부르는 것과 비슷하다. 그런데 이때 궁금증이 생기기 시작한다. 이런 비교가 진리를 제대로 조명해 주는가? 진리를 너무 사소한 것으로 만드는 것은 아닐까? 설교자로서 나는 우리 주님을 일컫는 어려운 이름을 프랭크 시나트라의 친숙한 호칭과 연관지음으로써 청중들이 주님의 그 이름의 의미를 제대로 파악할 수 있도록 돕고 있는가? 아니면 죽는 날까지 명성과 악명 사이에서 줄타기를 할 만큼 제멋대로 인생을 살다 간 일개 가수와 비교함으로써 우리 주님의 품위를 손상시키는 것은 아닐까?

이렇게 설교자는 주어진 상황을 고려해 가면서 어떤 예화를 어느 만큼 적용해야 할지 바르게 판단할 필요가 있다.

### 조금씩 꾸준히

한편, 이제는 고전이 된 문학작품과 저자들도 여전히 설교자에게 도움이 될 수 있다. 설교자는 그들이 남긴 보화를 자신의 설교에 다시 등장시키고 싶어 한다. 호메로스의 이야기들은 과거와 마찬가지로 오늘날 우리에게도 감동을 주며, 어린아이들도 그 이야기가 지닌 힘을 느낄 수 있다. 세이렌Seiren(호메로스의 『오디세이』에서 노래로 뱃사람들을 유혹하여 난파에 이르게 만드는 신비의 요정—옮긴이)은 지금도 노래한다. 찰스 디킨스와 빅토르 위고, 제인 오스틴도 마찬가지다. 이들의 작품을 토대로 만든 영화와 연극의 상업적 생존력에서 확인하다시피 말이다.

바쁜 설교자들에게 일주일 내내 혹은 한 달 내내 명작 소설을 읽으라고 하는 것은 비현실적인 조언이다. 유진 피터슨Eugene Peterson은 메릴랜드의 그리스도 우리 왕 장로교회에서 목회하는 동안 엄청난 분량의 명작들을 섭렵한 것으로 보인다. 그러나 당시의 유진 피터슨은 그리스도인으로서 보기 드문 경우였다.[22] 평범한 목회자라면 일 년에 고전 소설 여섯 권은 못 읽을 것이다. 하지만 한 권 정도는 어떤가? 일 년에 소설 한 권씩만 읽으라. 톨스토이나 도스토옙스키 작품이라면 장편소설 한 권이 단편 네다섯 편 정도의 길이일 것이다. 장편소설 한 권을 깊이 생각해 가며 꼼꼼히 메모하고 저장하면서 천천히 읽는다면(설교와 연관될 수 있도록 메모하는 것을 포함하여) 아주 소중한 보화가 될 것이다. 이렇게 5년만 하면 설교자는 사람의 펜 끝에서 창작된 최고의 작품 다섯 권을 바탕으로 의미 있는 지적재산을 형성하게 될 것이다.

일 년에 소설 한 권, 전기 한 권, 시집 한 권, 그리고 Arts & Letters Daily(전 세계의 문화 · 미술계 뉴스를 전해 주는 백과사전식 웹 사이트—옮긴이)를 일주일에 한 번씩 방문하여 최고의 저널리스트들이 최근 어떤 말을 했는지 찾아보는 것은 어떠한가?

괜찮은 생각이라고 본다.

## 단서

이 장을 마무리하기 전, 한 가지 단서를 덧붙이고 싶다. 너무 뻔한 이야기는 아니기를 바라면서 내가 하고 싶은 말은, 설교의 짜임새가 아무리 좋고 훌륭한 예화를 아무리 많이 사용하고 탁월한 문체와 그밖에 하나의 설교를 구성하는 다른 모든 요소들이 제아무리 최고 수준으로 동원된다고 해도, 그것이 곧 하나님의 말씀을 신실하고 효과적으로 전하는 설교를 보증하지는 않는다는 것이다. 우선 한 가지 이유는, 치명적으로 해로운 잡설은 물론, 설교라는 허울을 쓰고 허튼소리를 할 때도 탁월한 기교가 동원될 수 있기 때문이다. 또 다른 이유로, 설교자가 아주 정직한 자세로 작성한 설교문을 가지고 주일 아침을 기분 좋게 시작한다 해도 설교할 때 성령께서 임하시지 않는 한 아무 일도 일어나지 않을 것이기 때문이다.

성령께서는 임의대로 임하시며, 이 임재에는 독특한 결과가 따른다. 설교자라면 누구나 다 알다시피, 설교문은 멋지게 작성되었는데 실제 설교에서는 죽을 쑤는 경우가 있다. 사람들은 심드렁하게 설교를 듣고 집에 돌아간다. 또 어떤 때 설교자는 머릿속에 대충 설교의 얼개만 짜인 상태로 강단에 올라간다. 장례식과 중고등부 수련회 등으로 일주일 내내 바빠서 주일 아침까지 설교 준비를 제대로 하지 못한 것이다. 그런데 대강 줄거리만 잡혀 있던 설교가 기적적으로 능력을 발휘하며 사람들을 하나님께 집중시킨다.

목사가 설교를 하면 이상한 일이 벌어진다. 예배가 끝난 뒤 사람들은 목사가 설교 때 이야기하지 않은 것에 대해서, 혹은 이야기를 했지만 청중들은 물론 목사 자신도 이해하지 못한 것에 대해서 감사한다. 시인 벤 빌릿Ben Belitt이 언젠가 말한 것처럼, 우리가 하는 말은 "우리 자신보다 지혜롭고", 이것이 어느 때보다 확실하게 실증되는 경우가 바로 성령께서 예배당에 임하실 때다.[23]

그러나 설교가 이렇게 예측 불가능한 결과를 낳는다고 해서 설교를 즉흥적으로 해도 되는 것은 아니다. 어떤 설교자에게도 그런 허가증은 주어지지 않는다. 성실한 설교자는 열심히 설교 준비를 한다. 풍성한 결실은 하나님의 선물로 주어지는 것이지만, 열심히 준비하는 것은 설교자의 본분임을 인식하면서 말이다.

실로 하나님을 대변한다는 것은 대담한 일이다.

# {3장} 설교자의 귀 조율하기

설교자는 매주 번역가와 똑같은 도전에 직면한다. 설교자도 번역가와 마찬가지로 텍스트가 말하는 내용을 다른 말로 표현하되 그 표현 가운데 무심코 텍스트에 없는 내용을 말하는 일이 없도록 애를 쓴다. 설령 텍스트에 이의를 제기한다 하더라도 설교자는 자기가 어떤 이의를 제기하고 있는 것인지 정확히 알아야 할 것이다. 성경은 까다로운 고대 문헌이고, 성경 시대와 우리 시대 사이에는 해석학적 차이[gap]가 존재하며, 회중들이 속해 있는 지역적 정황이 설교에 대한 심정적 울림에 영향을 끼칠 수도 있다. 텍스트를 우리 시대로 고스란히 옮겨 오기만 하려고 해도 설교자는 이와 같은 문제에 부딪힌다.

　　이런 정확성의 문제 외에도 설교자는 회중들의 수준에 맞추어 텍스트를 가공하고, 색깔을 입히며, 자세히 서술하고 적용해야 할 의무도 있다. 이 과정이 설교의 대부분을 차지할 수도 있다. 설교자로서 여러분은 설교 작업에 상정되는 수많은 질문들에 답해야 한다. 이 텍스트는 무엇을 말했는가? **지금은** 뭐라고 말하는가? 이 텍스트가 왜 중요한가? 이 텍스트는 어째서 놀라운가? 어째서 경종을 울리는가? 혹은 어째서 우리를 안심시키는가? 일상생활에서 이 메시지와 유사한, 혹은 이 메시지에 이의를 제기하는 경험으로는 어떤 것이 있는가? 이 텍스트의 어느 부분에 예수님의 복음이 있는가?

이 모든 작업에는 적어도 2류 이상의 언어적 역량이 요구된다. 이유는 자명하다. 내가 만일 설교를 한다고 할 경우, 청중들에게 호감을 줄 만한 방식, 청중들을 사로잡을 방식, 청중들이 매력을 느낄 만한 방식으로 본문을 탐색하고 해석하고 적용하는 이 모든 일을 해야 한다. 성령이 임하시지 않는다면 이 모든 것이 허사이긴 하지만, 설교문이 성령의 호흡을 잡기 위해서 효율적으로 구성되었다면, 그리고 실제로 성령이 임하신다면, 그 결과 그 설교는 우리가 흔히 **파란만장하다**eventful고 말하는 그런 설교가 된다.

1989년, 월터 브루그만은 라이먼 비처 강좌Lyman Beecher Lectures(걸출한 설교자이자 부흥운동가였던 라이먼 비처를 기념하여 그의 모교인 예일 대학에서 개최되는 설교학 강좌―옮긴이)에서 설교의 파란만장함에 대해 이야기한 뒤 그 강의안을 『설교자는 시인이 되어야 한다』(*Finally Comes the Poet*)는 제목의 책으로 펴냈다.[1] 이 책에서 브루그만은 닫힌 체계를 부숴 열 수 있고, 고정된 결론을 타파할 수 있으며, 하나님의 멋진 신세계를 불러낼 수 있는 설교자의 언어능력에 대해 말한다. 브루그만의 말에 따르면, 설교자는 우리들의 보잘것없는 세상 이면에 있는 하나님의 큰 세상을 생생하게 환기시켜서 음울한 관습의 차꼬에 묶여 있는 우리를 자유롭게 해주고, 누구도 본 적 없고 들은 적 없고 상상해 본 적 없는 가능성으로 향한 길을 열어 준다. 일주일 내내 우리는 산문적인 것, 우울할 만큼 관념적인 것을 보고 들으며 산다. 그러나 주일이 되면 마침내 시인이 나타나, 그 산문적이고 관념적인 것을 산산이 부순 다음 새롭게 고쳐 내는 하나님의 말씀으로 우리를 깜짝 놀라게 만든다.

이는 영감을 주는 환상적 광경으로, 나도 여느 사람처럼 이 광경에 영감을 받는다. 하지만 이번 장에서 내 목표는 그처럼 장엄하지 않다. 설교자의 언어에 관한 글에서 브루그만은 설교라는 대담한 형이상학을 스케치한다. 설교자의 언어에 대해, 그리고 일반 독서가 설교자의 언어를 얼마나 발전시킬 수 있는지에 대해 글을 쓰고 있는 지금, 나는 형이상학의 영역보다는 '스피치 커뮤니케이션' 분과에 더 가까이 있다.

어느 영역에 있든, 설교자는 적어도 언어의 한 달인이 될 필요가 있다.


### 명쾌함, 그리고 거기에 따르는 최고의 소산

바바라 브라운 테일러Barbara Brown Taylor(미국 성공회 여사제로, 영어권에서 가장 영향력 있는 설교자 12인으로 선정된 바 있다―옮긴이)의 차분한 설교에 대해 생각해 보자. 사람들은 테일러의 설교를 좋아한다. 그리고 거기에는 여러 가지 이유가 있다. 그 이유 가운데 하나로, 테일러의 설교는 볼륨을 메조피아노(조금 여리게) 정도로만 해도 울림이 크다. 이런 울림은 테일러가 일상에서 매일 볼 수 있는 시시콜콜한 일들, 그리고 마치 성례를 행하는 듯 사람들에게 다가가는 자세를 통해 하나님께 집중하기를 연습한 데서 나온다. 그래서 테일러의 창의성은, 하나님의 인자처럼 아침마다 새로워 보인다.

그러나 테일러의 설교집에서 대다수 독자들이 맨 먼저 깨닫는 것은, 그녀가 글쓰기에 아주 능숙하다는 것이다. 설교문을 능숙하게 작성할 수 있는 소양은 여러 면에서 설교문이 아닌 글을 능숙하게 잘 쓰는 재능과 비슷한 것 같다. 설교문이든 설교문이 아니든, 잘 쓴 글은 독자가 글의 요지를 다른 누군가에게 정확히 전달할 수 있을 만큼 명쾌하다. 명쾌한 글에는 개념의 일관성이 있다. 그래서 예를 들어, 비교와 대조는 정말 서로 조화가 되는 항목들 간에 이루어진다. 포도는 포도에다 비교를 해야 이해하기 쉽다.

우리는 설교가 명쾌하기를 원한다. 이 명쾌함에는 일관성이 포함된다. 설교가 진행되는 동안 우리 청자들은 이 이야기에 이어 저 이야기가 왜 나오는지 의아스러운 경우가 자주 있는 것을 원치 않는다. 설교는 너무 짧고 너무 중요하기에 우리가 지금 (설교 시작 후 11분에) 듣고 있는 이야기가 방금 전에 들은 이야기의 설명인지, 실례實例인지, 그 이야기를 수긍한다는 것인지, 아니면 전혀 다른 새 이야기가 시작된 것인지 자문할 시간이 없다. 인간이 길을 잃은 상태lostness는 설교 주제로서는 훌륭하지만, 뭐가 뭔지 알 수 없는 것lostness은 청중들에게 그다지 달가운 상황이 아니다.

명쾌함에는 일관성 말고 투명성도 포함된다. 나는 설교자가 자기 자신의 회의懷疑까지 설교해 줄 것을 요구하지 않는다. 나는 설교자가 복음을 설교해 주기를 원한다. 다만 회의한다는 것이 어떤 기분인지 정확히 알고 있음을 그의 설교에 반영해 주기를 원한다. 그리고 확실히 믿는다는 것은 어떤 기분인지 정확히 알고 있음 또한 자신의 설교에 반영해 주었으면 한다. 그리고 우리의 설교자가 지금 선포하고 있는 것, 그 투명한 내용이 기독교 신앙의 기본 주장 위에 자리잡고 있었으면 한다. 설교자는 지금 예수님의 부활이 예수님 삶의 진짜 사건이었다고 설교하고 있는가, 아니면 반드시 그렇지는 않다고 설교하고 있는가? 나는 설교자가 그 사실을 의심해서는 안 된다고 생각한다. 부활주일 아침, 그 사실을 의심하는 설교는 나를 어리둥절하게 만든다.

또한 나는 설교자가 이야기하는 놀라운 경험담이 실제로 있었던 일인지 아닌지 추측하고 싶지 않다. 어렸을 때 동생에게 아주 극적이고 두 번 다시 되풀이해서는 안 될 장난을 치다가 잘못되었던 유쾌한 경험에 대해 설교자가 이야기하는데, 나중에 모튼 톰슨Morton Thompson이 1945년에 펴낸 책『부상당한 테니스 선수조」(*Joe the Wounded Tennis Player*)에서 똑같은 이야기를 읽게 되는 일은 없었으면 한다.

설교의 명쾌함에는 일관성과 투명성, 그리고 예배가 끝나고 사람들이 집에 돌아가서 그대로 전달할 수 있을 만큼 정확한 사상과 언어가 포함된다. 일관성 있고, 투명하고, 정확한 언어로 정확한 생각을 전하는 설교를 하기 위해서는 능숙한 말솜씨가 필요하고, 설교가 우리를 감동시키려면 설교에서 위와 같은 요소들이 실현되어야 한다.

설교의 영향력 중에는 설교자가 활자를 통해서는 배울 수 없는 어떤 훌륭한 요소 덕분인 것도 있음을 인정한다. 주일 아침 청중들에게 효과를 발하는 설교는 상당 부분 설교자의 설교 진행 속도, 목소리의 가락, 어조, 억양을 주는 패턴, 소리의 강약, 몸짓 등에서 나온다. 분위기가 고조되면 설교자는 아첼레란도와 루바토, 크레셴도와 데크레셴도, 레가토와 스타카토와 스포르찬도 등 피치카토를 제외한 모든 음악적 기교를 구사할 수 있지만, 이런 음악적 기법은 존 업다이크John Updike나 앤 타일러Anne Tyler를 읽는다고 해서 배울 수 있는 것이 아니다. 좀 더 온건하게 표현한다면, 설교자는 읽기보다는 듣기를 통해 화법의 역학적 원리를 **직접적으로** 배운다는 것이다.

설교를 효과 있게 만드는 요소 중에는 글자로 기록된 산문이나 시에서 직접 배울 수 없는 것도 있고 직접 배울 수 있는 것도 있다. 배울 수 있는 것 가운데 아주 기본적이고 본질적인 것 한 가지가 있다. 이것 한 가지만 숙달해도 설교자는 앞으로 크게 발전할 것이다.

### 화법 101: 수사학적 가락

내가 염두에 두고 있는 것은 화법<sup>diction</sup>이다. 화법에는 발음이 포함되며, 좋은 발음을 위해 설교자는 발음 좋은 사람의 말을 세심히 들을 필요가 있다. 달리 말하자면, 우리 설교자는 다른 사람들보다 미국의 몇몇 대통령들의 연설을 꼼꼼히 들었으면 좋겠다. 한편 훌륭한 화법은 단어 선택의 문제이기도 하며, 단어 선택의 달인에게서는 은혜로운 말이 쏟아져 나온다. 설교의 정확성·일관성·투명성은 단어 선택에 달려 있다. 물론 설교의 다른 모든 요소들도 마찬가지다. 훌륭한 설교가 훌륭한 화법에 달려 있다는 말은 좋은 요리는 좋은 재료에 달려 있다는 말과 비슷하다.

간단하게 말해, 좋은 화법의 다음 네 가지 유익에 초점을 맞추자. 첫째, 좋은 화법(즉, 적절한 단어 선택)은 설교자로 하여금 교양 있는 말이든 저속한 말이든 수사학적 용어를 선택하게 한다. 둘째, 좋은 화법은 설교자가 설교를 서사적으로 전개할 수 있게 한다. 셋째, 언어를 경제적으로 사용할 수 있게 한다. 넷째, 그리고 무엇보다, 설교자가 언어 선택을 잘하면 설교 내용을 생생하게 구현할 수 있으며 거기서 비롯되는 능력 있고 아름다운 설교 세계를 구축할 수 있다.

바바라 브라운 테일러 이야기로 다시 돌아가서, 그녀가 이런 훌륭한 화법을 자유자재로 구사하는 것에 주목하고, 거기서 우리가 무엇을 배울 수 있는지 알아보기로 하자. 다음은 테일러의 『다른 길로 고국에 돌아가니라』(*Home By Another Way*)라는 설교집에 실린 동명의 설교 일부다.

[세 박사] 모두 마을을 떠날 이유가 생긴 것이 반가웠습니다. 별이 분명히 그들을 불러내고 있었으니까요. 이런저런 요령으로 용하게 버텨 내고 견뎌 왔던 모든 것, 지금까지 쌓아온 명성의 무게, 사람들의 기대, 실망스럽기 짝이 없는 수입 등 이 모든 것들로부터 벗어날 수 있게 된 것입니다. 하여 그들은 길을 나섰습니다. 별을 눈에 담은 사람은 자기뿐일 거라고 저마다 믿으면서 말입니다. 그러다 세 사람은 예루살렘으로 향하는 길에서 우연히 마주쳤습니다.[2]

테일러는 말하기를, 박사들은 "마을을 떠날 이유가 생긴 것이 반가웠다"고 한다. 이들은 저마다 "별을 눈에 담은 사람은 자기뿐일 거라고" 생각했다. 세 사람 모두 "지금까지 쌓아온 명성의 무게"에서 빠져나오라고 부름받았다. "세 사람은 예루살렘으로 향하는 길에서 우연히 마주쳤다."

동방박사와 관련하여 성경에 나오지 않는 뒷이야기를 지어내는 것이 과연 좋은 아이디어인지에 대해서 이러쿵저러쿵하고 싶지는 않다. 특히 이런 종류의 지어낸 이야기가 성경 본문과 상충

되지 않으면서도 관련 인물들에 대해 흥미를 유발시키는 경우에
는 더욱 그렇다.

테일러는, 이 박사들은 "마을을 떠날 이유가 생긴 것이 반가
웠다"고 말한다. 이 문장은 격식과 비격식을 가리는 수평저울의
정중앙에 자리잡고 있다. 그래서 여러 가지 정황에서 보아도 이
문장은 교양인들의 젠체하는 말투로 들리지도 않고 무식한 사람
들이 쓰는 속된 말로 들리지도 않는다. 이 문장을 대신할 만한 문
구를 한번 생각해 보라. 박사들이 "작은 마을을 당당히 떠날 수
있는 일생일대의 기회에 흐뭇해했다"고 했으면 어땠을까? "그렇
게 마을에서 나올 수 있다는 것에 매우 흥분했다"고 했으면 어떨
까? 아니다. 테일러는 그렇게 말하지 않고 "마을을 떠날 이유가
생긴 것이 반가웠다"고 말한다.

이 문장에 사용된 용어는 턱시도처럼 격식을 갖추지도 않았
고 탱크톱처럼 캐주얼하지도 않다. 굳이 이름을 붙인다면 '평균
수준 이상의 격의 없는 구어체 표현', 혹은 옷차림에 비유하자면
'직장인의 평상복' 정도일 것이다. 또 한마디 덧붙인다면, 이런
어투는 듣는 이들의 마음을 사로잡는다는 것이며, 그것이 바로
테일러가 이런 어투를 쓰는 이유다. 언어 선택을 그렇게 잘 하기
때문에 테일러의 설교는 진지하게 귀 기울일 수 있을 만큼 격식
있기도 하고 입기 편한 옷처럼 격의 없기도 하다.

설교자가 격식과 비격식을 가리는 수평저울 위에서 균형을
잃지 않고 자유자재로 언어를 구사하고자 한다면, 이런 기법에

관한 로버트 잭스Robert Jacks의 고전적 저서 『언제든 말만 하세요』(*Just Say the Word*)에서 많은 것을 배울 수 있다.[3] 잭스는 눈으로 보는 것이 아니라 귀로 듣는 글을 쓰는 법에 대해 이야기한다. 그는 자연스럽게 말하는 설교, 이야기와 대화와 단편문sentence fragment을 활용하는 설교문을 작성하라고 말한다. 어떤 사람이 진짜 대화를 하고 있는 것처럼 말이다. 평균 수준 이상의 격의 없는 표현에 해당하는 용어를 권장하면서 잭스는 고등학생들이 길거리에서 쓰는 말투("'뭐하냐?' 그랬더니 '야!' 그러기에 '방콕하냐?' 그랬지"), 그리고 흔히 부사적 용법으로 쓰이는 말들("…하는 바"whence, "거기서부터"thence, "그런 까닭에"wherefore)과 "…이므로"for 같은 등위 접속사를 사용해서 평론 같은 글을 만들어 버리는 것에 대해 경계를 시킨다. 잭스의 말에 따르면, 설교가 진행될 때 잠시 듣기를 멈추고 생각해 보지 않는 한 어떤 문장에서 이런 접속사가 등장해도 별로 어색함을 느끼지 못할 수도 있다고 한다. 우리 설교자는 말한다. "하나님의 사랑은 참되다는 것을 우리가 알고 있으므로, 하나님을 믿고 의지합시다." 일상 대화에서 누구도 이런 식으로 말하지 않지만 설교 중에는 그런 생각을 하지 않는다. "알프레도 식당의 마카로니가 대단히 맛있다는 것을 우리가 알고 있으므로, 오늘 저녁에는 그 식당에 갑시다"라는 식으로 말하는 사람은 아무도 없다.[4]

설교자에게 평균 수준 이상의 대화체 어휘 레퍼토리가 있다고 해서 필요한 용어를 다 갖추었다는 뜻은 아니다. 모든 것은 그때그때의 상황 및 설교의 대상이 누구냐에 달려 있다. 중학생들을 대상으로 모닥불 주변에 둘러앉아 하는 이야기는 좀 더 격의 없어야 할 것이다. 교회 설립 100주년 기념 설교라면 좀 더 격식을 갖춰야 할 것이다. 어느 경우든, 독서는 설교자에게 수사학적 선택안을 줄 수 있다. 대화체 표현을 배우고자 한다면 이야기꾼의 작품을 읽어야 할 것이다. 예를 들어 대졸 수준 현대인들의 대화 패턴이라면 조너선 프랜즌Jonathan Franzen의 작품이 좋을 것이고, 좀 더 생생한 구어체 표현을 배우고 싶다면 엘모어 레너드Elmore Leonard와 리 차일드Lee Child 같은 작가들의 관찰 및 묘사 유형이 도움이 될 것이다.

이야기꾼들의 작품이 이야기꾼 본연의 일에 능숙한 것은, 사람들이 어떻게 대화하는지를 알기 때문이다. 일상 대화체 표현을 듣고 싶은 설교자는 이런 작품들에서 많은 것을 배울 수 있다. 모순되는 말, 단편문, 은어, 사투리, 혹은 세련되고 점잖은 표현 등 모든 것이 거기 다 있다. 이야기꾼들의 작품을 읽지 않고도 대화체 표현을 익힐 수 있는 예리한 청각을 지녔다면 그 설교자는 하나님께 복을 받은 것이고 은사를 타고난 셈이다. 그런 특별한 경우가 아닌 한 대다수의 사람들은 위와 같이 외부의 도움을 받을 수 있다.

그러한 도움의 한 예로, 엘모어 레너드가 한번은 효과적인 글쓰기를 위한 열 가지 수칙을 이야기한 적이 있다. 그중 네 번째 수칙은 "부사를 사용해서 '말했다'said라는 동사를 수식하지 말라"

는 것이다.[5] 엘모어는 **부사를 사용해서 '말했다'는 동사를 수식하지 말라**고 엄중하게 말했다. 설교자는 이 말에 주의를 기울여야 할 것이다. 이런 수칙이 아니라면 주일 아침 우리는 다음과 같은 말을 듣게 된다. "'너희 외식하는 자들아'라고 예수께서는 준엄하게 말씀하셨습니다." "'너희 독사의 자식들아'라고 예수께서는 비난조로 말씀하셨습니다." 부사는 이미 명백한 사실을 표현하거나, 반대로 전혀 명백하지 않으며 명백하지 않은 상태 그대로 있어야 할 사실을 표현한다. 빌라도가 "진리가 무엇이냐?"는 그 유명한 질문을 어떤 식으로 했는지 설교자가 부사를 사용해 설명해 주기를 정말로 바라는가? "'진리가 무엇이냐?'고 빌라도는 사랑스럽게 말했습니다." "'진리가 무엇이냐?'고 빌라도는 열광적으로 말했습니다." 혹은 역설적으로, 혹은 빈정대듯이 말했습니다. 어떤 식으로 말했을지 누가 알겠는가? 정말로 궁금한 듯이 묻지는 않았으리라는 것만 빼고 말이다. 결국 그것이 바로 명백한 사실이다.

설교자를 포함해 글 쓰는 이들에게 주는 엘모어의 열 가지 계명 중 열 번째는 다음과 같다. "사람들이 그냥 넘어갈 부분은 생략하라."

설교자는 사람들의 대화를 귀 기울여 듣고 훌륭한 작가들의 대화 문장을 숙독함으로써 일상 언어에 귀를 조율할 수 있다. 그것이 바로 **구어체** 언어다. 한편, 격식을 차려야 할 문장의 경우, 설교자는 고전적인 수사학 형식을 많이 접해서 그것이 자연스럽게 자신의 어휘 레퍼토리에 포함되어 필요할 때 언제든지 그 어휘를 구사할 수 있어야 할 것이다. 로버트 케네디가 암살당한 뒤 동생 테드 케네디가 그를 기리며 쓴 글에서 발췌한 다음 예문을 생각해 보자.

> 형님을 이상화할 필요는 없습니다. 또한 생전의 모습 이상으로 그의 죽음을 높일 필요도 없습니다. 그저 선량하고 점잖은 사람으로 기억해 주시면 됩니다. 잘못된 것을 보고 그것을 바로잡으려 애썼던 사람, 고통당하는 사람을 보고 그것을 치유해 주려 애썼던 사람, 전쟁을 보고 그것을 중지시키려 애썼던 사람으로 말입니다.[6]

이런 형식을 가리켜 심플로스<sup>symploce</sup>라고 하며, 이는 매우 오래되고도 유쾌한 수사법이다. 심플로스란 다음과 같이 한 문장이나 문구의 시작과 끝이 하나의 단위를 이루어 계속 등장하고, 그 단위가 반복될 때마다 가운데 부분의 내용만 달라지는 것을 말한다(번역문에서는 어순이 바뀌어 확연히 드러나지 않지만, 위 인용문에서는 앞머리의 saw와 말미의 it이 단위를 이루어 세 번 반복되었다―옮긴이).

[He] *saw* wrong and tried to right *it*, *saw* suffering and tried to heal *it*, *saw* war and tried to stop *it*.

보고-보고-보고, 그것을-그것을-그것을. 여기서 수사학적 가락은 어휘가 아니라 문법 구조에 의해 고조된다. 이 문장에서 대부분의 단어는 [영어로] 한 음절이고, 화려한 단어는 하나도 없다. 그러나 내 동료 제임스 밴든 보쉬 James Vanden Bosch가 지적하다시피, 수사학적 구조만으로도 이 문장은 화자의 언어 구사 능력과 그가 하는 말의 중차대한 성격을 보여 준다. 물론 이런 언어 구사 능력을 갖고자 하는 설교자는 위대한 연설가들의 연설문을 읽어도 되고, 조지 오웰 같은 대평론가나 그 정도로 비중 있는 문제들에 대해 고전적 형식의 글을 쓸 수 있는 논설위원들의 글을 읽을 수도 있다.

내가 생각하기에 우리 설교자들은 보통 고전적인 수사법 장치를 별로 사용하지 않는다. 내가 그런 장치들을 여기저기 흩어놓을 경우 내 설교는 첫마디부터 연극 대사처럼 들릴지도 모른다. 그러나 설교가 절정에 이르면 그 연극적인 말이 큰 위력을 지닐 수 있다. 물론, 시편을 인용할 때는 원하든 원하지 않든 이 고전적 수사학 장치를 사용하게 된다. 예를 들어 시편은 아나포라 anaphora(모든 문장마다, 시의 경우 각 연 첫머리마다 똑같은 단어를 반복하는 기법—옮긴이) 투성이로, 각 연의 첫 머리가 똑같이 되풀이된다.

주께 찬송하라……주께 찬송하라……주께 찬송하라.
여호와께 돌릴지어다……여호와께 돌릴지어다……여호와께

돌릴지어다.

여호와여, 언제까지니이까……언제까지니이까……언제까지

니이까.


생각해 보니, 위의 표현들이 그다지 연극적으로 들리지는 않

는다.

### 화법 102: 서사적 움직임

바바라 브라운 테일러 이야기로 돌아가 보자. 테일러의 화법상

그녀의 설교는 평균 이상의 격의 없는 말투 수준으로 조절되고

있다. 이제 그 화법에 따르는 또 한 가지 유익을 이야기해 보겠

다. 테일러의 훌륭한 화법 덕분에 그녀의 설교는 **살아 움직이게**

된다. 동방박사 이야기에서 보면, 모든 움직임이 원심적 움직임

이다. 박사들은 **떠나는** 것, **불러냄 받는** 것, 부담에서 **벗어나는** 것,

길을 **나서는** 것, 마을 **밖으로 향하는** 길에서 서로 만난 것을 기뻐

한다. 이 문장 속에서 박사들은 밖을 향해 움직이고 있고, 우리

청자들도 이들과 함께 움직인다.

이와 비슷한 서사적 움직임을 자유자재로 구사하고자 하는

설교자는 수많은 이야기 작가들의 생생한 묘사에서 그 요령을 터

득할 수 있다. 존 스타인벡의 오키즈Okies(오클라호마 소작인들을 일

컫는 말―옮긴이)는 농장을 떠나 66번 도로에 올랐다. 팀 오브라이

언Tim O'Brien(베트남전 참전 경험을 토대로『그들이 가지고 다닌 것들』을

비롯해 다수의 작품을 발표하여 베트남전쟁의 초상화가라는 찬사를 받았다—옮긴이)의 투덜이 군인들은 '그들이 가지고 다닌 것들'을 트럭에 실어 베트남의 초지와 무논을 건너갔다. 다음은 윌리엄 사로얀$^{William Saroyan}$의 작품에 등장하는 그의 자아인, 열 살짜리 신문 배달 소년에 대한 묘사다.

> 소년은 도둑고양이처럼 온 도시를 헤집고 다니며 이곳저곳을 기웃거리다가 술집에도 들어가고, 매춘굴 계단을 올라가기도 하고, 도박장에도 들어가서……보고, 냄새 맡고, 이야기하고, 큰 소리로 중요한 뉴스를 알리기도 하고, 숨을 들이쉬고 내쉬며, 들어오고 나가는 파도의 리듬에 따라 피가 돌고……소년은 이 도시에서 마치 도둑고양이처럼 돌아다녔다.[7]

설교자로서 나는 인물들이 살아서 돌아다니게 만드는 작가들의 작품을 많이 읽고 싶다. 그런 작품을 보면 인물의 움직임을 설교문에 써넣는 방법에 대해 감각이 생긴다. 물론 신체 움직임은 서사 전개의 한 가지 차원일 뿐이다. 감정, 행동, 인물의 성장, 외적 환경 등 이 모든 것이 생생한 서사 안에서 살아 움직인다. 인물들은 서로를 화나게 만들고, 자신을 화나게 만든 것에 응수하고, 결국 또 다른 사람을 화나게 만들고, 그러는 동안 줄곧 자신들을 움직이게 만드는 외부 환경에 반응한다. 이것이 서사 내부에 있는 '회로'$^{circuitry}$다.[8]

실력 있는 이야기 작가는 독자가 인물의 움직임을 계속 따라가고 싶게 만들 것이며, 더 나아가 앞으로 예상되는 내용에 대해 호기심을 자극시킬 것이다. 윌리엄 맥스웰William Maxwell은 「뉴요커」(The New Yorker)지에서 오랫동안 소설을 담당한 편집자로서, 온화하고 밝은 내용의 작품을 발표했으며 그중에는 그가 '즉흥작'이라고 부르는 짧은 소설들도 있다. 그는 아내를 기쁘게 해주려고 그 작품들을 썼다고 한다.

처음 결혼했을 때, 잠자리에 들면 어둠 속에서 아내에게 이야기를 하나씩 들려주곤 했다. 어디에서 나오는 건지도 모를 이야기들이었다. 한참 이야기 중에 내가 잠이 드는 때도 있었다. 그럴 때면 아내가 나를 흔들어 깨우며 "그래서 어떻게 됐어요?"라고 물었고, 나는 망각의 층을 뚫고 나오려 허우적거리며 이야기를 이어가곤 했다.[9]

## 화법 103: 언어의 경제학

다시 테일러 이야기로 돌아가서, 그녀는 지나치게 격식을 따지지 않고 그렇다고 해서 너무 가볍지도 않은 격의 없는 수준의 어휘로 설교하고, 설교 속 인물들이 늘 어딘가를 향해 움직이게 만든다고 했다. 세 번째로 테일러는 언어의 경제학을 아주 멋지게 보여 준다.

훌륭한 설교자는 필요 이상의 말을 늘어놓지 않는다. 불필요한 말을 지나치게 많이 끼워 넣은 문장은 세련되어 보이지 않고, 설교자의 글솜씨가 보잘것없음을 보여 주기 때문만은 아니다. 영양가 없는 설교는 양떼를 먹이지 못하기 때문이기도 하다. 설교 속에 양들이 먹을 양식이 아무것도 없는 것이다.

주일 아침 설교 때 하지 않아도 될 장황한 말에 어떤 종류가 있는지 여러분 나름대로 생각하는 것들이 있을 것이다. 물론 의미 없는 반복도 거기 포함된다. "예수께서 보시니, 그 남자는 소경이었습니다. 그는 소경이었습니다. 그는 앞을 볼 수 없었습니다. 그의 시야는 암흑이었습니다. 그는 사물을 분간하기 힘들었습니다. 이 모든 것은 다 그가 소경이기 때문이었습니다."

『설교의 함정』(*Pitfalls in Preaching*)이란 저서에서 리처드 에슬링거Richard Eslinger는 단어를 한 줄로 배열하는 형식을 피해야 한다고 제언한다. '평화와 정의' 식으로 단어를 두 개씩 묶어서 배열하는 것도 마찬가지다. 평화면 평화, 정의면 정의 모두 그 자체로 탁월한 개념으로, 설교자가 이것을 짝지을 필요는 없다. 정직과 진실성에 대해서도 비슷한 말을 할 수 있을 것이다. 정직과 진실성은 그 개념이 눈에 띄게 겹친다. 진실성에는 정직의 개념이 포함된다. 따라서 우리가 늘 그러는 것처럼, 누구누구는 정직하고 진실한 여자야, 라고 말할 필요가 없는 것이다. 어느 경우든, 회중은 이렇게 한 줄로 죽 늘어놓는 단어들을 하나하나 구별해서 듣지 않는다. 설교자는 '평화와 정의', '정직과 성실', '친절과 긍휼과 사랑'이라고 말하지만, 청중들의 귀에 각 개념들은 흐릿하

게 서로 뒤섞여 들린다.[10]

깔끔한 글쓰기를 위한 고전적 수칙은, 음절은 줄이면 줄일수록 좋다는 것이다. 이는 사실이다. 그런데 이것이 도가 지나칠 수 있다. 한 마디 두 마디 다 증발시키고 추출물밖에 남지 않는다면, 듣는 이들은 아마 그 설교에 물을 좀 붓고 싶을 것이다.

말을 절약한다는 것은 탁월한 개념이기는 하지만, 그것을 지나치게 강조하고 싶지는 않다. 꼭 필요한 말로만 너무 빈틈없이 채워진 설교는 듣기 어려운 설교가 된다. 단어의 의미를 명쾌하게 해주는 종속접속사를 없애면 '개념 지도'conceptual map를 잃게 된다. 격언이나 경구에 너무 많은 의견을 촘촘히 채워 넣으면 그 설교에 싫증이 나게 될 것이다. 단어들을 대부분 잘라내면 그 설교는 마치 아버지 부시 대통령의 연설처럼 들릴 것이다. "자연 재해요? (인간의) 능력 밖이죠. 샌프란시스코 지진이요? (내 잘못) 아닙니다. 샌안드레아스(단층 잘못이)죠."[11]

그러나 여전히, 그럼에도 불구하고, 하지만, 그리고 모든 것을 다 감안해도, 잘 훈련된 설교자는 장황한 말을 전부 잘라낼 것이다. 1970년대 맨해튼의 리버사이드 교회 담임목사였던 어니스트 캠벨Ernest Campbell이 한번은 말하기를, 설교 원고를 부풀리는 것이 한 가지 아이디어라고 했다. 실제 필요한 분량의 1.5배가량으로 원고를 작성한 다음 줄여 나가라는 것이다. 쉽게 말하자면, "골라낼 것도 없는 것을 키로 까부르기보다는 화려하고 무성한 것을 쳐내라"는 것이다.

훌륭한 설교자는 너무 많은 것을 말하지 않는다. 말을 억제하는 것도 설교의 기술 중 하나이기에 설교자들은 말을 억제하는 연습을 한다. 훌륭한 설교자는 청중들에게 영양가 없는 설교를 먹이기를 원치 않는다. 훌륭한 설교자는 말로 표현되는 부분만이 아니라 억제된 부분에도 설교의 **위력**이 존재할 수 있다는 것을 알고 있다. 설교는 명쾌해야 하지만, 속이 다 들여다보일 필요는 없다. 그래서 설교자들은 약간 우회적인 표현도 쓰고, 암시를 주기도 하며, 음계의 일곱 음을 연주하기도 하여 우리 청자들로 하여금 머릿속에서 스스로 매듭을 짓게 만든다. 그래서 우리는 능동적인 청자가 된다. 무언가를 궁금히 여기기 시작한다. 상상하기 시작한다.

바바라 브라운 테일러의 동방박사들은 마을을 벗어나게 된 것을 반가워한다. 왜 그런가? 테일러의 말에서 암시를 얻을 수 있기는 하지만 그다지 많지는 않다. 그리고 이는 그녀의 설교가 지닌 매력의 한 부분이기도 하다.

훌륭한 작가는 모든 것을 설명하지 않는다. 작품 속 인물이 죄의식을 갖고 있을 경우, 작가는 그 인물이 죄의식을 가지고 있다고 설명하고 그의 죄책감을 시시콜콜 묘사할 필요가 없다. 그렇게 할 수도 있지만, 죄책감을 느끼고 있는 인물의 마음 상태를 독자들 스스로 **깨닫게** 할 수도 있다. 할레드 호세이니가 『연을 쫓는 아이』에서 그랬듯 말이다.[12] 작품의 주인공 아미르는 가장 친한 친구를 배신했고, 점차 죄의식의 증상들이 나타나기 시작한다.

그는 잠도 못 잔다. 먹지도 못한다. 친구를 피하기도 하고, 짐짓 괴롭히기도 하고, 자신의 죄책감을 친구에게 투사하기도 한다.[13]

호세이니는 오래된 글쓰기 수칙을 따르고 있다. 그 수칙은 바로 "보여 주라, 말하지 말고"이다. 말을 아끼려는 설교자는 호세이니나 다른 많은 작가들에게서 그 방법을 배울 수 있다.

모든 것은 훌륭한 화법에 달려 있다. 명료함도 화법에 달려 있다. 일관성과 투명성, 정확성을 포함해서 말이다. 수사학적 언어 변화도 화법에 달려 있고, 서사 전개와 경제적 언어 운용도 마찬가지다. 뛰어난 작가들의 글을 읽으면서 그들이 언어를 얼마나 자유자재로 구사하는지에 주목하고, 자신이 처해 있는 고유의 정황에 어울리는 방식으로 그 기술을 자기 것으로 만듦으로써 설교자는 설교의 첫 번째 도구인 언어를 든든히 장악할 수 있다.

뛰어난 작가들은 유포니euphony, 곧 듣기에 좋은 말투에 대해서도 설교자에게 가르침을 줄 수 있는데, 이 유포니는 바바라 브라운 테일러의 글이 지닌 또 하나의 덕목이기도 하다. 대가의 작품을 읽는 설교자는 문장 리듬 및 압운 같은 수사학적 장치에 대해 감각을 익힐 수 있다. 문장의 길이와 기능에 변화를 주는 법, 예를 들어 선언하는 문장, 의문을 표하는 문장, 명령하는 문장, 감탄하는 문장 등을 익힐 수 있다. 그는 링 라드너Ring Lardner의 저 유명한 "'닥쳐'라고 아버지는 설명하셨다"("'Shut up,' he explained")와 같은 문장을 배울 수 있다(링 라드너는 헤밍웨이에게도 영향으로 준 것으로 유명한 미국의 풍자작가로, 위의 문장은 그의 작품 *The Young Immigrunts*에 등장하여 다른 수많은 작품들에 인용되거나 패러디되었다—옮긴이).

얼핏 이런 덕목들은 그다지 훌륭한 자료라고 생각되지 않는 특정 문학작품에서도 많이 찾아볼 수 있다. 나는 그런 작품을 아주 값진, 그리고 아주 유쾌한 자료라고 추어올리고 싶다.

한 예로 훌륭한 아동문학 작품이 떠오르는데, 내가 생각하기에 설교자라면 이러한 작품을 반드시 읽어 보아야 한다. 어린이들을 위해 쓴 책이라고 해서 결코 어린이들만을 위한 책은 아니라고 머리말에서 이야기했던 것을 기억해 보라. 톨킨이 간파했다시피, 그 책들은 **어린아이 같은** 사람들을 위해 쓰인 책이다. 아동문학 작품은 아이들이 무엇을 두려워하는지, 누구를 믿고 의지하는지, 왜 감동적인 확신을 가지고 무언가를 소망하는지, 어린아이의 시선으로만 볼 수 있는 세상으로 우리를 데려가 준다. 그 작품들을 통해 우리는 어른들이 아이들의 지능과 페어플레이 정신을 늘 존중하지는 않는다는 것을, 아이들은 어른들의 그런 바보짓에 분개할 수 있다는 것을 알게 된다. 아동문학을 친구 삼는 설교자는 아이들이 예수님께 중요한 존재였다는 것을, 아이들은 하나님의 사랑의 능력을 받아들여 그것을 삶으로 살아내는 탁월한 본보기였다는 것을 늘 기억하게 될 것이다.[14]

그러나 이번 장에서 내가 목표하는 것을 위해 한 가지 말하고 싶은 것은, 훌륭한 아동문학 작품에서는 설교자들이 원하는 산문의 특질도 배울 수 있다는 것이다. 명료한 글, 경제성 있는 글을 쓰기 위해서는 단순함만한 것이 없는데, 여기 어린이들을 위한 책은 그런 면에서 설교자들에게 유익이 될 수 있다. 우리가 찾고 있는 산문의 특질은 어쩌면 '깊은 단순함'이라고 칭할 수도 있을 것이며, 제2차 바티칸 공의회에서 성체성사를 거행하는 방식을 나타내는 매우 일상적 용어로 추천했던 '숭고한 단순함'이라고도 할 수 있다.[15] 숭고한 단순함이 어떤 것인지, 훌륭한 아동문학 작품에서 우리 모두는 읽거나 들어 보았다. "그들은 아슬란이 이동 중이라고 말한다. 어쩌면 이미 도착했을 것이라고……."

"아슬란 님 앞에 나타나서도 무릎을 덜덜 떨지 않을 수 있는 사람이 있다면 그 사람은 다른 이들보다 용감한 사람이거나 혹은 그냥 어리석은 사람일 거야."

"그럼 아슬란 님은 위험해요?" 루시가 물었다.

"위험하냐고?" 비버 씨가 말했다. "당연히 위험하지. 하지만 그분은 착해. 그분은 왕이거든."[16]

설교자의 언어가 숭고한 단순성을 깨우치면 열 살 먹은 아이는 물론 그 아이의 엄마 아빠와 할아버지 할머니까지 유쾌한 마음으로 설교를 들을 수 있을 것이다. 어른들의 마음에도 여전히 이야기에 감동받을 수 있는 어린아이가 살고 있기 때문이다.

한 가지 덧붙일 것은, 명료함과 경제성은 단순히 수사학적 덕목만이 아니라는 것이다. 이 두 가지는 설교자의 성품과 관련된 덕목이기도 하다. 뻔하게 혹은 두루뭉술하게 말하지 않고 명쾌하게 말하는 설교자는 첫 번째 대계명에 순종하는 것이다. 그 계명은 청중들을 짜증나게 하지 말라는 것이다. 간결하게 말하는 설교자는 두 번째 대계명에도 순종하는 것이니, 그것은 청중들의 시간을 허비하지 말라는 것이다. 불필요한 어구들을 켜켜이 펼쳐 내면서 청중들을 기다리게 하지 말라는 것이다. 숭고한 단순성을 깨우친 설교자는 세 번째 계명에도 순종한다. 할 수 있으면 언제나 청중들을 즐겁게 하라는 것이다. 설교를 듣고 즐거워지면 청중들은 예수님을 찬양하고 싶어질 것이다.

이 세 계명, 곧 청중들을 실망시키지 말라, 청중들의 시간을 허비하지 말라, 이따금 청중들을 즐겁게 해주라는 것 외에, 레위기에 기록된 하나님의 명령과 예수께서 복음서에서 그 명령을 반복하시는 것을 좇아 한 가지를 덧붙이겠다. 그것은 곧 "네 이웃을 네 몸처럼 사랑하라"는 것이다.

## 화법 104: 환기시키기

적절한 화법은 설교자가 말의 가락과 움직임, 그리고 단순성을 포함해 말의 경제적 운용을 자유자재로 할 수 있게 해준다고 지금까지 칭송해 왔다. 물론 훌륭한 화법은 설교자가 청중들에게 무엇인가를 연상시키고 제안하며, 그리하여 청중들의 마음을 감동시킬 수 있는 능력을 갖게 만들기도 한다.

바바라 브라운 테일러는 동방박사가 "마을을 벗어날 이유가 생긴 것을 반가워했다"고 말한다. 세 사람은 저마다 "별을 눈에 담은 사람은 자기뿐"일 것이라고 생각했다. 세 사람 모두 "지금 까지 쌓아온 명성의 무게"에서 벗어나라는 부름을 받았다. 그리 고 그들은 "예루살렘으로 향하는 길에서 우연히 마주쳤다."

이는 듣는 이들의 주의를 환기시킬 수 있게 쓰인 글이다. 이 글을 읽으면 곰곰 생각을 하게 되고, 궁금히 여기게 되고, 뒤에 무슨 이야기가 나올지 좀 더 읽고 싶어진다. 잘 쓰인 글을 읽고 설교문을 작성해도 청중들로 하여금 무언가를 생각하게 만드는 능력이 내게 향상되지 않는다면 나는 설교자로서 가망이 없는 사 람일지도 모른다. 글을 잘 쓰는 사람은 구句 변환, 절節 변환, 문장 변환의 달인이다. 이 모든 것은 이들이 거듭거듭 다른 단어를 선 택해서 쓰기 때문이다.

"그는 진실에 대해 아주 세심하기 때문에 진실이라는 말을 웬 만해서는 잘 쓰지 않았다"(로스 맥도널드).

"나는 커다란 책장 그늘 밑에서 자랐다"(보들레르).

"그는 땅딸막한 체구에 얼굴은 상스러워 보였고, 눈은 불룩 튀 어나온데다 이발사가 굼뜬 손으로 짧게 베어낸 뻣뻣한 머리를 하고 있었다"(마이클 토머스).

다음은 존 스타인벡의 『에덴의 동쪽』(*East of Eden*) 한 구절이 다. "계곡 동쪽의 가빌란 산맥은 태양과 고독, 그리고 일종의 유혹으로 가득한 연회색 산이었고, 그래서 마치 사랑하는 어머니의 무릎으로 파고들 듯 그 따스한 산기슭에 오르고 싶었던 것이 기억난다."[17]

들는 이들로 하여금 무엇인가를 연상하고 생각하게 만드는 능력, 좋은 어법이 지니는 그 능력과 관련하여 우리가 생각해 볼 사람은 수필가 에드워드 호글랜드Edward Hoagland로, 그는 소로Henry David Thoreau에 자주 비교되는 자연주의자다. 호글랜드는 눈썰미 좋은 일종의 관찰가로서, 야외에서 눈길을 끄는 것을 볼 때마다 그것을 절대 잊지 않는 듯하다. 평생을 자연에서 살아온 사람인 만큼 기억에 담아둔 것도 많다. 호글랜드는 야외에서 경이로운 것들을 발견해 내며, 그리하여 설교자들이 하나님께서 만드신 멋진 세상에 대한 사랑 및 그 세상을 찬양하고픈 마음을 새로이 가질 수 있도록 도와준다.

게다가 호글랜드는 영어라는 언어를 자유자재로 구사할 수 있는 최고의 능력을 가지고 있고, 그래서 설교자는 그에게서 화법도 배울 수 있다. 일찍이 「작은 침묵」(Small Silences)이라는 제목의 자전적 에세이에서, 그는 여덟 살 때 코네티컷의 한 농장으로 이사를 한 경험에 대해 이야기한다.[18] 그 농장 한가운데 "작은 시냇물이 흐르고" 있었는데, 시내는 "졸졸거리기도 하고 보글거리기도 하고 똑딱거리기도" 하면서 재미있는 소리를 냈다고 한다. 시냇물은 잔물결을 일으키기도 했고 거울이 되어 주기도 했으며, 손이나 발을 담그는 소년을 끌어당기기도 했다.

호글랜드의 부모님은 달걀을 얻으려고 갈색 암탉을 열두어 마리 길렀고, 얼마 뒤에는 뉴햄프셔종 수탉을 한 마리 사서 "암탉들의 실적을 떠들썩하게 알리게 했다." 붉은 수탉은 알람시계처럼 아침에 기계적으로 울지는 않았다. 아니, 수탉은 밤에 암탉 여덟 마리가 여덟 개의 알을 낳았다는 것, 그리고 동틀 무렵에는 적어도 여덟 번쯤 큰 소리로 축하 행사를 벌여야 한다는 것을 알고 있었다. 그래서 수탉은 부리를 치켜들고 암탉들의 "실적을 떠들썩하게 알렸다."

우리의 설교자가 이 떠들썩한 소동에 주목을 하고는 몇 달 뒤 이사야서를 본문으로 샬롬shalom의 환상에 관해 설교를 한다고 가정해 보자. 창조 세계에 깃든 완전한 평화와 조화와 기쁨에 대한 선지자의 꿈을 설명하면서, 그는 이 복된 상태에서 붉은 수탉이 암탉들의 위업에 고고히 우쭐해하는 모양을 넌지시 암시함으로써 그 꿈을 설명할 수도 있지 않겠는가?

물론 자랑스럽게 울어 대는 그 수탉은, 설교에서 명시적으로 언급되지 않더라도 설교자에게 소중한 존재다. 그 이유는, 작가들의 훌륭한 화법은 설교자가 자기 나름대로 그러한 화법을 구사할 가능성을 상상할 수 있도록 영감을 주기 때문이다. 설교자의 귀는 탁월한 언어를 흡수함으로써 조율된다. 비록 무의식적일지라도 말이다. 그 설교자는 화법 좋은 가족들에게서 말을 배운 어린아이와 같다. 설교자의 가족은 전문가들, 예를 들어 메릴린 로빈슨Marilynne Robinson(미국의 소설가. 『하우스키핑』『길리아드』등의 작품

이 있고, 2013년 박경리문학상을 수상하여 화제가 되었다―옮긴이), 에
드워드 호글랜드, 캐서린 패터슨Katherine Paterson(미국의 아동문학가
―옮긴이), 존 스타인벡을 비롯해 수많은 이들로 구성된다는 것만
빼고 말이다.

안타까운 것은, 훌륭한 화법이 지닌 연상 능력을 깨달은 설교
자는 그 능력에 정신이 팔려 예수 그리스도의 복음을 전하는 설
교가 아니라 말로써 사람을 호리는 그런 설교를 하기 시작할 수
있다는 점이다. 설교자는 좋은 작가들의 작품을 읽고 그 작품들
이 지닌 연상 능력을 실감하며, 그 능력이 설교자를 감동시킨다.
이에 설교자는 청중들을 대상으로 자신도 그런 능력을 발휘하고
싶다는 생각을 하게 된다. 어쩌면 그는 감동적인 분위기를 만들
작정을 하고 설교문을 작성할 수도 있다. 설교자는 주문을 걸고
싶어 하고, 그래서 어쩌면 모든 청중이 어떤 갈망을 가득 품고 집
에 돌아가게 만드는 그런 말들만 골라서 할 수도 있다.

그 과정에서 우리의 설교자는 위대한 설교 마법사들이 누구
인지 알게 되고, 어설프게 프레드릭 뷰크너Frederick Buechner(미국의
작가이자 신학자. 소설·전기·평론 등 여러 장르를 넘나들며 일상에 스
며든 하나님의 은혜를 볼 수 있도록 영감을 주는 글쓰기로 유명하다―옮
긴이)를 모방하는 사람이 된다. 뷰크너는 여러 가지 생각을 불러
일으키기로 유명한 설교집을 다수 출판했으며, 설교 제목조차도
'하나님을 갈망하게 하는 어둠'(The Hungering Dark), '장엄한 패
배'(The Magnificent Defeat)와 같이 많은 것을 연상시킨다. '장엄

한 패배'는 얍복 강가에서의 야곱에 관해 기록하고 있는 창세기 32장 설교다. 야곱은 형 에서와의 오랜 불화 끝에 이제 곧 형과 재회할 참이다. 그 오랜 불화의 원인이 바로 자신이었기에 야곱은 형을 만날 날을 앞두고 잠을 못 이루고 있다. 무엇보다, 어떤 낯설고 신비로운 이와 밤새 씨름을 벌여야 하는 처지였다.

날이 희뿌옇게 밝아 그 낯선 이의 얼굴을 분간할 수 있게 될 무렵, 야곱의 눈에 보인 것은 "죽음의 얼굴보다 더 무서운 어떤 것, 바로 사랑의 얼굴"이라고 뷰크너는 말한다. "이는 거대하고 강고한 얼굴, 고통으로 반쯤 무너져 내린 한편 맹렬한 기쁨이 드러난 얼굴로, 야곱 인생의 가장 깊은 어둠 속으로 달아나려 하자 야곱은 소리친다. '당신이 내게 축복하지 아니하면 가게 하지 아니하겠나이다.'"[19]

이는 거장의 글이고, 우리의 설교자는 이 글을 좋아한다. 시인이나 작가와 진지하게 대화를 나누지 않고는 누구도 이런 글을 쓸 수 없다고 생각하는 우리 설교자는 자기도 뷰크너식 주문을 걸 수 있으리란 소망으로 그 대화를 시작한다. 그는 뷰크너의 대가적 솜씨를 흉내내려 애쓰지만, 별 성과는 없다. 뷰크너는 흉내내기가 거의 불가능한 작가이며, 어설픈 뷰크너 흉내는 신통치 않은 설교, 뭐가 뭔지 알 수 없는 연기와 증기로 가득 찬 설교로 이어진다. 아침에 몸이 안 좋았던 아내에게 가져다주려고 허공의 수증기를 낚아채려 하는 모습을 생각해 보라. 차를 몰고 집으로 돌아가는 동안 주일 설교는 다 증발해 버릴 것이다.

그럴듯한 말투의 힘으로 주문을 걸려고 애쓰는 설교자는 필시 좋은 결과를 얻지 못할 것이다. 삶은 우리가 선물을 받으려고 애쓰지 않을 때에만 선물을 풀어 내놓는 경우가 많다. 예를 들어 누군가와 친구가 되는 것, 잠이 드는 것, 독창적 생각꾼이 되는 것, 취업 면접 때 좋은 인상을 주는 것, 살아가면서 행복을 느끼는 것 등을 생각해 보라. 이런 일들은 애쓴다고 되는 일이 아니다. 하나님을 믿는 믿음도 우리가 의도적으로 애써서 성취하는 것이라기보다는 그 자체가 선물이요 발견이다.

내 말의 요점은, 설교자가 무엇인가를 듣거나 읽음으로써 얻게 되는 언어의 힘은 목표가 아니라 수단이며, 설교자는 단순히 공교한 말재주를 부리는 사람이 아니라 예수 그리스도 안에 있는 화목의 은혜를 신실하게 선포할 사람으로 부름받았다는 것이다. 힘 있는 언어, 찬란한 언어를 구사할 수도 있겠지만, 이는 설교자가 원했기 때문이라기보다는 신비롭고도 강력한 성령의 역사 때문이다.

1963년 8월 28일, 미국 역사에서 영원히 기억되어야 할 이날의 경우가 바로 그러했다. 한 설교자의 울림 있는 말의 위력과 성령의 역사가 미국 역사상 가장 위대한 설교 안에 하나로 어우러진 날이기 때문이다. 이 설교에서 마틴 루터 킹 2세는 선지서를 바탕으로 정의를 설파했다. 변명도 없이, 가식도 없이. "나에게는 꿈이 있습니다." 그날 전 미국인을 대상으로 설교했던 그는 자기 설교의 반복구를 힘주어 알렸고 뒤이어 또 한 번 알렸다. "오늘 나에게는 꿈이 있습니다."

진 베트케 엘슈테인Jean Bethke Elshtain(미국의 정치철학자·종교윤리
학자—옮긴이)의 분석에 따르면, 만일 킹 목사가 1963년 8월 28일
링컨 기념관 앞에 서서 전 국민을 향해 "나에게는 개인적인 기호
嗜好가 있습니다. 오늘 나에게는 개인적인 기호가 있습니다"라고
외쳤다면 미국 시민권의 역사는 완전히 달라졌을 것이라고 한다.[20]

화법이 훌륭하면 설교가 명쾌해질 수 있고 명쾌함에 따르는
부수적 효과도 생긴다. 좋은 화법은 적절한 수사학적 언어능력을
제공해 주고, 생생한 서사 전개를 가능하게 하며, 간결하게 농축
된 설교를 할 수 있게 해준다. 저 단어가 아닌 이 단어를 주도면
밀하게 선택함으로써 넓은 세상이 활짝 열린다.

"나에게는 꿈이 있습니다. 오늘 나에게는 꿈이 있습니다."

# {4장} 지혜가 제일이니 지혜를 얻으라

예수 그리스도 안에 있는 은혜의 복음을 매주 설교해야 한다는 것은 참으로 벅찬 과제다. 지난 주일만 해도 영어를 사용하는 약 50만 명의 설교자들이 설교를 위해 단상에 올랐을 것이다. 우리는 그들이 힘써 그 언덕에 오르는 수고에 감사해야 할 것이다.

설교가 대중을 상대로 연설을 하는 과제라고 할 때, 오늘날 사람들의 삶 다른 어느 곳에서 이에 비견할 만한 것을 찾을 수 있겠는가? 일주일에 한 번씩 각계각층의 사람들로 구성된 청중 앞에서 궁극적 장엄에 속한 일들에 대해 연설하는 이들이 어디 또 있겠는가?

초신자들을 위해서라도 설교는 늘 **달라져야** 한다. 정치인이 LA 혹은 마이애미 사람들을 대상으로 유세를 하면 한 1분 정도는 그 지역 상황에 맞게 연설 내용을 바꿀 수 있다. 그것만 빼면 나머지 내용은 똑같다. 그러나 지역교회 목회자는 정반대의 입장이다. 청중은 매주 똑같고 설교 내용은 매주 달라야 한다.

### 각계각층의 청중

청중 구성이 복잡하다는 것 자체도 참 만만찮은 일이다. 문제는 이것만이 아니다. 가지각색 사람들이 다 모여 있기 때문에 설교자 편에서 많은 배려가 요구된다는 것이다. 청중 가운데는 젊은 사람도 있고 늙은 사람도 있으며, 많이 배운 사람도 있고 못 배운 사람도 있다. 정신적으로 허약한 사람도 있고 강한 사람도 있으며, 잘 먹고 잘 사는 사람도 있고 겨우 입에 풀칠만 하며 사는 사람도 있을 것이다. 인종과 민족 구성도 다양할 수 있다. 뿐만 아니라 청중 가운데는 민주당파도 있고 공화당파도 있을 것이며, 문화적으로 진보파도 있고 보수파도 있을 것이다. 그래서 우리의 설교자가 설교 중에 예를 들어 도널드 트럼프Donald Trump(미국의 부동산 재벌, 트럼프 그룹 CEO—옮긴이)를, 그것도 가벼운 어조로 언급한다면, 청중의 1/4 정도는 설교자가 미국의 지도층 인사에게 짐짓 무례한 태도를 취한다고 생각한다. 만일 설교자가 트럼프 회장님을 존경하는 듯한 태도로 그를 언급할 경우, 또 다른 1/4은 설교자가 교양 없는 장사꾼을 너무 그럴듯하게 존대하고 있다고 생각할 것이다.

　어떤 경우, 교인들 속에 각계각층의 사람들이 뒤섞여 있는 것은 도덕적·신앙적으로 의미심장한 일일 수도 있다. 교인들 중에는 고뇌 어린 임신중절 결정이 때로는 정당화될 수 있다고 생각하는 사람이 있는 반면, 어떤 경우든 낙태는 일종의 살인이라고 생각하는 사람도 있다. 양측 모두 고집스럽게 자기 입장을 견지하며 저마다 상대측이 도덕적으로 부패해 있다고 생각할 수 있다.

교인들 중에는 복음주의적 성향을 지닌 이들이 있다. 이들은 복음이 잃어버린 바 된 자들을 위한 것임을 알고 있고, 복음을 가지고 그들에게 다가가는 것이 모든 교인들의 의무라고 생각한다. 그러나 또 어떤 이들은 복음 전하는 것을 귀찮은 일로 여기거나 심지어 일종의 제국주의로 생각한다. 회중 가운데 어떤 이는 감정적 신앙, 나아가 몸으로 표현하는 신앙에 치중하여 몸을 좌우로 흔들거나 팔을 치켜들거나 할렐루야를 부르짖으며 예배를 드리는 반면, 또 어떤 이들은 미국 장로교의 규례서Book of Order가 자신의 신앙을 더 잘 표현하고 있다고 여긴다. 어떤 이들은 열심을 좋아하고 어떤 이들은 질서를 좋아한다.

이들 그리스도인―젊은 사람, 늙은 사람, 부자, 가난한 사람, 진보적인 사람, 보수적인 사람, 여성의 임신중절 결정권을 주장하는 사람, 낙태를 반대하는 사람, 성적 소수자 문제에 진심으로 이런저런 입장을 지닌 기타 모든 사람―모두를 향해 우리의 설교자는 삶과 죽음에 대해, 성과 성적 정체성에 대해, 예수님을 증거하는 것에 대해, 주택 공급에 관한, 사실은 이주민 문제에 관한 전 시민 투표에 대해 설교한다. 그리고 때때로 설교자는 돈에 관해서도 사람들에게 이야기해야 한다.

설교자에게는 이처럼 만만치 않은 과제가 주어져 있다. 훌륭한 설교 프로그램을 가지고 사람들의 마음을 어루만져 줄 수도 있지만, 의도치 않게 사람들의 신경을 거스를 가능성도 있다. 오늘 설교가 **어떤** 사람들의 신경을 건드리게 될지 그때마다 다 알 수 있는 것도 아니다.

청중들 중에는 십대 청소년도 있다. 그들도 우리와 똑같은 사람이다. 다만 좀 더 인간적일 뿐. 내 동생 레온은 십대 시절 앤 랜더스Ann Landers(고민 상담을 전문으로 하던 미국의 칼럼니스트—옮긴이)에게 이런 편지를 보낸 적이 있다. "친애하는 앤 랜더스, 저는 열여섯 살입니다. 저를 도와주실 수 있나요?" 십대 청소년은 어떤 면에서 지구상에서 가장 흥미로운 존재들이며, 설교자가 십대 청중들에 대해 순진한 생각을 가지고 있으면 곧 골치 아픈 상황을 겪게 될 것이다.

어떤 순진하고 호감 가는 설교자가 있다고 해보자. 그는 장사와 관련된 특정 사실들에 거의 관심이 없고 그런 일에 대해서는 한 번도 생각해 본 적이 없는 사람이다. 어느 날 쇼핑몰에서 그 사람 좋은 설교자는 무릎과 허벅지 부분이 너덜너덜한 청바지가 청소년들에게 신상품으로 판매되는 것을 본다. 그것만으로도 설교자에게는 놀라운 광경인데, 그보다 더 놀라운 것은 그 헤진 청바지가 다른 옷들만큼 값이 비싸다는 사실이다. 설교자에게 이는 설교에서나 다룰 수 있는 흥미진진한 역설의 한 예다.

문제는, 회중 가운데 열다섯 살 아이들에게는 너덜너덜한 고

가의 청바지가 그리 재미있는 것도 역설적인 것도 아니라는 것이며, 설교자가 만일 그런 청바지를 비웃기라도 한다면 청소년 청중들을 잃게 되고 그 여파가 한참 갈 수도 있다는 것이다.

설교자는 자신의 설교가 청중에게 어떻게 들릴지 계속 판단을 해야 한다. 설교자의 청중은 도시 근교에 사는 젊은 사람들일 수도 있고, 조금은 나이 든 시골 사람들일 수도 있으며, 혹은 수입이나 교육 수준이 평균 이상인 맨해튼의 전문인 집단일 수도 있다. 예를 들어 '소망' 같은 성경 용어가, 천양지차의 환경에 사는 이 사람들에게 어떻게 들릴지, 어떤 울림을 가질지 생각해 보라.

청중들 거의가 이주민들인데 이주에 필요한 서류를 제대로 갖춘 사람은 얼마 안 되고, 그렇지 못한 사람들은 어디를 가든 늘 그렇듯이 두려운 마음으로 교회당에 앉아 있을 수도 있다. 주일 아침 설교자의 설교를 듣는 사람들 대다수가 날 때부터 영어를 쓰는 사람일 수도 있고, 청중들 모두가 다 그렇지는 않을 수도 있다.

그렇다면 이제 설교자에게 화법 문제가 대두된다. 영어에 미숙한 형제자매들을 설교에 몰입시키기 위해서는 날 때부터 영어를 써온 사람들을 대상으로 할 때와는 다른 강단 화법이 요구될 것이다. 이럴 때 설교자는 어떻게 해야 할까? 아주 평이하게 천천히 설교해야 할까? 그건 너무 봐주는 것일까? 언어유희를 피해야 할까? 아니면 언어유희를 한 뒤 설명을 해주어야 할까? 일주일에 한 번씩 쉬운 것으로만 하면 될까? 아니면 또 뭐가 있을까?

사회운동가이자, 1960년대와 1970년대 예일 대학 교목을 지냈고 후에 뉴욕 리버사이드 교회 담임목사가 된 윌리엄 슬로언 코핀William Sloan Coffin은 1999년에 뇌졸중으로 쓰러졌다가 2003년 동문회 연설을 위해 예일 캠퍼스에 모습을 드러냈다. 당시 그 자리에 있던 내 지인 한 사람이 그때 이야기를 전해 주었다. 코핀이 연설을 시작하자 일부 참석자들은 충격에 빠졌다. 뇌졸중 후유증으로 언어능력이 심각히 손상된 탓에 그의 말은 알아듣기 힘들 정도로 어눌했다.

청중들의 분위기를 알아챈 그는 마크 트웨인에 관해 우스갯소리를 했다. 트웨인이 한번은 강연을 하면서 바그너의 음악이 사실 "귀에 들리는 것보다 더 훌륭했다"고 장담했다는 것이었다. 코핀은 청중들이 그날 자신의 강연에 대해서도 똑같은 말을 해주기를 바랐다.

알아듣기 쉬운 약간의 현학을 곁들인 이 우스갯말은 그날 예일 캠퍼스에서 십분 효과를 발휘했다. 하지만 청중들이 만일 교육 수준이 낮은 사람들이거나, 영어를 제2언어로 쓰는 사람들이거나, 혹은 힙합만 좋아할 뿐 리하르트 바그너에 대해서는 한 번도 들어본 적이 없는 사람들이라면 어떻게 되었겠는가?

설교를 해야 한다는 것은 두려운 일이다. 설교자는 자기 설교를 듣는 이들이 어떤 사람들인지 알고 오직 그것을 바탕으로 여러 가지 결정을 내려야 한다. 혹시 이 청중은 교인들 사이에서 막강한 영향력을 가진 네 가정이 주도하고 있지 않은가? 더구나 그중 두 가정이 운영하는 회사에 전체 교인의 1/3이 고용되어 있지 않은가? 이 사실은 지난번 그 회사가 직원들을 해고해야 했을 때 교인들 사이에 어떻게 작용했는가? 이런 상황에서 교회 안에서의 연합을 주제로 설교한다면 어떤 결과를 낳겠는가?

설교자는 끊임없이 자신의 상황<sup>context</sup>을 읽고 그에 맞추어 행동해야 한다. 이 교회 교인들은 전임 목회자에게 배신을 당하지 않았는가? 이중생활을 하던 그 목회자 때문에 일부 교인들은 이제 목회자의 위선 문제에 신경과민이 되지 않았는가? 신임 목회자는 설교 본문을 선정할 때 이 사실을 어떻게 고려해야 하는가? 신앙 지도자들의 위선을 일곱 차례나 고발하고 있는 마태복음 23장을 설교 일정에 **넣어야** 하는가, 아니면 **빼야** 하는가?

사람들은 주일 아침 어떤 마음 상태로 교회에 나오는가? 내 동료 헐릿 글로어가 일깨워 주다시피, 어느 교회에나 상한 마음으로 나와 앉은 사람이 있고 어느 교회에나 활기 가득한 사람이 있다. 그래서 설교자가 선택한 그날의 본문이나 설교자의 기분이 모든 교인들에게 적절하지는 않을 것이며, 우리 설교자는 이 사실을 잘 인지하고 설교를 준비해야 한다.

교인들 가운데 오래전에 이혼한 사람들이 많고 그들이 겪은 이혼의 망령이 아직도 회중석 위를 떠돌고 있는데 만일 부부간의 정절에 대해 설교한다면 어떻겠는가? 마흔 살 미만 교인 절반 정도가 결혼 제도를 고리타분한 것으로 여긴다고 가정하여 결혼 자체를 아예 무시하는 설교를 한다면? 반대로 이 고전적 제도를 높이 추어올리며 그 장점에 주의를 환기시키는 것은 또 어떤가?

이러한 문제들을 고민하고 배려하려면 설교자에게 큰 지혜가 요구된다. 지금까지 나는 설교자가 온갖 사람들이 모인 청중 앞에 선다는 사실에 대해서만 이야기해 왔다. 이것 말고도 다른 변수들이 가까이 포진하고 있다.

예를 들어, 설교자 고유의 인격적 정체성과 목회자로서의 정체성에 따라 그의 설교의 진정성이 어떻게 달라지는가? 설교자가 학식이 높은 사람이라면? 설교자가 기혼자인데 배우자의 교회 출석이 불규칙하다면? 설교자가 선동에 능한 사람이라면? 설교자가 여자라면? 설교자가 전통적으로 민주당 지지 지역blue state에서 목회하고 있는데 그 자신이 자동차 레이싱NASCAR을 좋아하는 사람이라면? 여기서 설교자가 단절감을 느끼는 이유는, 민주당 강세 지역 사람들은 자동차 경주의 재미를 모른다는 것 때문이다. 도대체 왜 돈 내고 들어가서 자동차들 오가는 것을 몇 시간씩 지켜보고 앉아 있느냐는 것이다(휴일에 자동차 경주 관람을 즐기는 중상류층 미국 백인 남성들은 주로 공화당을 지지하는 보수 성향이다. 민주당의 한 선거 전략가는 이들을 일컬어 NASCAR dad라고 했다—옮긴이).

설교자는 항상 바람직한 판단을 해야 한다. 설교자는 경제적 불평등에 대해 어느 만큼이나 바른말을 할 수 있는가? 선지자로서 증언하는 말과 정죄하는 말을 구별짓는 경계는 무엇인가? 설교 중에 사람들을 꾸짖어도—정죄가 아니라 꾸짖는 것이라고 하자—되는가? 신약성경을 보면 그리스도인들이 자주 서로를 꾸짖기도 하고, 꾸짖는 방법에 대해 서로 의논도 하는 것을 알 수 있다.

오늘날 그리스도인들은 그렇지 못하다. 이들은 꾸짖는 말을 비판하는 말로 듣는다. 그래서 그런 말을 그다지 너그럽게 받아들이지 못한다. 하지만 어떤 사람이 교인들끼리 있는 자리에서 명백히 인종차별적인 발언을 했다고 해보자. 이 상황에서 관용은 비겁하게 보일 것이다. 그렇다면 최소한의 불가피한 힘으로 그 사람을 꾸짖을 방도가 있는가? 필요하다면 압력을 가중시키면서? 우리 설교자는 그 방법을 알고 있는가? 꾸짖는 방법을 공부해 본 적이 있는가?

고급 승용차를 몰고 다니는 설교자가 물질만능주의에 대해 설교할 수 있는가? 경차는 되고 소형 벤츠는 안 되는가? 벤츠는 작고 오래된 것이라도 안 되는가? 삼촌에게 선물받은 작고 오래된 벤츠도 안 되는가? 지배적인 성격의 설교자가 온유함에 대해 설교하면 어떻게 되는가? 조용하고 내향적인 성격의 설교자가 주님을 위해, 복음을 위해 담대히 행동하는 것을 찬양하면?

여러분이 이번 장에서 직시해 주었으면 하는 핵심 사항은, 설교자에게는 벅찬 과제가 주어져 있으며 그 과제를 이행하기 위해서는 상당한 지혜가 필요하다는 사실이다.

### 지혜를 간단히 설명하면

성경의 몇몇 주제를 따라, 지혜란 현실에 기반을 둔 하나의 현상이라고 해보자. 즉, 지혜자는 인생을 알고 그 인생을 신실하게 사는 법을 아는 사람이다. 이들은 하나님과 하나님의 세상, 그리고 그 세상에 어울리는 존재가 되는 법에 대해 보기 드물게 풍성한 지식을 갖고 있다. 이들은 하나님의 초월성을 존중하며 하나님을 인간의 수준으로 만들려고 하지 않는다. 이들은 하나님의 내재성을 소중히 여기며 하나님을 일상생활과 유리된 추상적 존재로 만들려고도 하지 않는다. 이들은 하나님의 지혜이신 예수 그리스도를 믿고 의지하니, 그분은 세상에서 지혜로 통하는 많은 것들을 뒤집어엎으신다.

지혜자는 인생이 어떻게 흘러가는지를 안다. 인생의 때와 시기, 인생의 유형과 원리, 인생의 법과 리듬을 안다. 이들은 사람이 무엇이든 뿌린 대로 거둔다는 것을 알며, 이는 성경에 나오는 금언일 뿐만 아니라 세상의 수많은 위대한 책들이 그 심연에서 부르짖는 소리이기도 하다.

지혜자는 분별력이 있다. 분별력 있는 사람은 세상 이치를 알아차린다. 분별력 있는 사람은, 예를 들어 쾌락과 기쁨의 차이, 감상적 행동과 긍휼히 여기는 행동의 차이를 안다. 사실facts은 완고한 것임을 알며, 사실을 자신의 소원에 맞추기 위해 술수를 쓰려 하지 않는다. 분별력 있는 사람은 사물들의 차이점뿐만 아니라 사물 간의 관계도 분간한다.[1]

분별력 있는 사람은 창조 세계, 곧 하나님께서 합하신 것과 나누어 놓으신 것을 안다. 그리하여 창조 세계를 더럽힌 자들이 만들어 놓은 간극과 불순물을 알아차린다. 분별력 있는 사람은 많은 삶의 역설을 안다. 사람이 "선할 수 있으되, 선하다는 말이 지닌 가장 나쁜 의미에서 선한 사람이 될 수 있다"는 것을 안다. 예를 들어, 어떤 사람이 누군가에게 도움을 줄 때 도움받는 사람을 괴롭게 만드는 그런 방식으로 도움을 줄 수도 있음을 아는 것이다.

분별력 있는 사람은 해 아래 사는 인생의 아이러니와 기이함을 안다. 자비가 허위와 공존할 때도 있다는 것을, 친절이 정욕과 병행되기도 한다는 것을 안다. 분별력 있는 사람은 행동의 동기와 영향을 비롯해 원인과 결과를 잘 판단한다. 사람의 행동 패턴을 간파할 줄 알며, 개별 행위보다는 그 패턴을 더 진지하게 고려한다. 분별력 있는 사람은, 그늘로 가득한 사람이 그 그늘을 초래하는 빛으로 가득할 수도 있다는 것을 안다. 루이스 스미디즈<sup>Lewis Smedes</sup>는 "분별력 있는 사람은 어떤 분야의 권위자가 될 소질이 있다"고 말한다.[2]

물론 설교자에게는 분별력 말고도 다른 많은 것들이 필요하다. 목회를 잘해 나가기 위해서는 사람들을 이끌어 나갈 믿음과 학식과 용기도 필요하다. 설교자에게는 기도생활과 사회생활이 필요하다. 목회자로서의 정체성에 대한 지적 인식도 필요하고, 그 정체성을 건강하게 유지해 나갈 유머와 자기 풍자 감각도 필요하다. 설교자는 그저 아침에 일어나 설교자로서의 어마어마한 과제를 직면하는 데만도 하나님의 큰 은혜가 필요하다.

그러나 이 과제를 이행할 때 도움을 주는 그 모든 것 가운데 설교자는 우선 지혜를 얻을 필요가 있다. 잠언에 "지혜를 얻으라.

네가 얻은 모든 것을 가지고 명철을 얻을지니라"(4:7)는 말씀이 있다. 즉, 집중력을 얻고, 분별력을 얻고, 판단력을 얻으라. 공감 능력 같은 정서적 지능도 얻으라. 지혜는 결코 냉정한 것이 아니니. 지혜는 늘 감정이 개입되는 문제다.

지혜로운 설교자는 그저 예수님께 순종한다. 우리가 뱀같이 지혜롭고 비둘기같이 순결해야 한다고 말씀하신 분께 말이다(마 10:16). 그러면 우리의 설교자는 아마 그 무엇도 무심히 넘기지 않는 그런 사람이 될 것이다.

나는 설교자가 손으로 무엇인가를 만들어 내는 기술도 지혜의 한 측면일 수 있다고 생각한다. 지혜란 언제나 실용적인 것이기 때문이다. 지혜자는 인생을 알고 인생을 열심히 사는 방법도 안다. 지혜자에게는 모종의 기술이 있다. 지혜자는 요령을 안다.

그래서 지혜로운 설교자라면 자신의 소명을 이행하는 요령이 있을 것이다. 지혜로운 설교자는 청중들 속에 이런저런 사람들이 뒤섞여 앉아 있는 것을 간파하고 그에 따라 설교를 이렇게도 하고 저렇게도 할 것이다. 지혜로운 설교자는 자기 고유의 인격적 정체성과 목회자로서의 정체성이 회중에게 끼칠 영향을 잘 조절할 것이다. 피가 끓어오르게 만드는 주제들에 대해서 회중에게 이야기하는 방법을 알아낼 것이다. 아니, 적어도 부분적으로라도 알아낼 것이다. 지혜로운 설교자는 청중들의 생각을 일깨우고 주의를 흐트러뜨리지 않는 방식으로 예화를 사용할 것이다. 청중들을 충분히 몰입시키고, 때로 그들의 마음을 감동시키기도 하는 그런 설교 화법을 만들어 낼 것이다.

폭넓은 독서는 설교자가 건전한 지혜로 이 모든 일을 적절히 해나가는 데 큰 도움이 될 것이다. 이 점은 예화 및 화법을 이야기할 때 이미 살펴보았지만, 그 외 설교자의 소명과 관련해서도 똑같은 말을 할 수 있다. 자신이 처한 상황을 읽고 그에 맞게 설교하는가? 전기를 읽으면 이런 일에 숙달된 사람들을 많이 만날 수 있다. 예를 들어 루즈벨트 대통령의 전기를 보면, 그는 제2차 세계대전이 발발하자 회의적인 미국 대중들에게 연합국으로의 무기대여 프로그램을 선전하여 납득시켰다. 자신의 인격적 정체성, 목회자로서의 정체성이 청중들에게 어떤 영향을 끼치는지 파악하고 있는가? 이야기 작가들의 글에서 이 일에 능숙한 사람들의 예를 많이 볼 수 있다. 마크 트웨인의 『왕자와 거지』처럼 가짜 왕이나 왕족이 등장하는 이야기들이 그렇다. 피가 끓어오르는 주제에 대해 청중들에게 이야기하는 방법을 깨우쳤는가? 언론인들은 날마다 그 일을 한다. 그것을 일컬어 그럴듯한 의견이라고 하든, 혹은 외교적 수완이라고 하든 말이다. 어느 경우든, 어려운 주제를 다루는 재치에 관해서는 언론인들에게서 배울 점이 많다.

## 세상만사를 아는 현인이 되기

내가 설교자를 위한 독서 프로그램을 추천하는 데에는 여러 가지 이유가 있지만, 그중 가장 주된 것은 이 프로그램이 설교자를 지혜롭게 만들어 줄 수 있기 때문이다. 독서는 설교자를 내실 있게 한다. 설교자의 소명에서 크고 분명한 한 부분과 관련해 특히 더 그렇다. 설교자는 성경 본문이 제기하는 위압적인 주제들에 대해 매주 무언가 지적인 이야깃거리를 가지고 있어야 한다. 그러려면 그 상당수 주제들에 관해 나름의 전문가가 될 필요가 있다.

그 주제는 어떤 것들인가? 성경에는 해 아래 있는 모든 일이 등장한다. 하나님, 죄, 은혜, 창조 세계의 아름다움, 삶, 죽음, 정의, 하나님 나라, 믿음, 소망, 사랑, 예수님의 죽음, 긍휼, 화평, 위로, 부활의 기적, 순례, 나이 먹는 것, 이적, 예수님의 승천, 공포, 소외, 지옥, 하나님의 심판, 갈망, 배신, 구속, 천국의 기쁨 등. 바보가 아닌 이상 설교자의 설교 일정에 기록된 이 주제 목록을 보고 겁먹지 않을 사람이 없다. 사실 이 목록도 일부에 지나지 않는다. 성경은 그 정도로 방대한 책이다.

또 한 가지 유념해야 할 것은, 회중이 설교자를 성경에게로 보내는 것은 성경의 보화를 캐내어 주일 아침 자기들 앞에 펼쳐 놓도록 하기 위해서다. 그것도 성령의 역사로 설교자의 말이 **하나님 말씀**을 우리 앞에 임하도록 하는 그런 방식으로 말이다.

설교자는 일종의 현인賢人, 성경의 주제들에 정통한 사람이 되어야 한다. 설령 강해 설교자라 할지라도 마찬가지다. 성경이 특정 주제를 다룰 경우 설교자는 이를 따라가야 하기 때문이다. 설교자는 자기 삶의 경험과 교인들의 삶을 지켜보면서 경험하는 것을 통해, 성경이 다루는 주제들에 관해 매우 많이 알게 될 것이다. 또한 성경 자체를 통해서도 그에 대해 많은 것을 알게 될 것이 틀림없다. 그러나 성경은 성경의 논제들에 대해 모든 것을 다 말해 주지는 않는다. "용서하라"고 예수님은 말씀하신다. 하지만 용서라는 것이 정확히 어떤 것들로 구성되는가? "분을 내어도 죄를 짓지 말라"고 에베소서는 말한다. 하지만 사람이 격하게 분노하면 어떤 일이 벌어질 수 있는지 생각해 볼 때, 과연 어떻게 그렇게 할 수 있겠는가? "사랑은 오래 참고 사랑은 온유하다"고 바울은 말한다. 좋다. 하지만 이것은 설교의 처음 2초뿐이다. 이어지는 24분 58초 동안 설교자는 무엇을 말해야 하는가?

설교자는 도움을 필요로 할 수도 있다. 소설가·전기 작가·시인·언론인과의 대화에서 거둔 모든 수확이 다 필요할 수도 있다.

사실 일반 문헌에 풍성히 등장하는 사건·인물·이미지·관찰 등은 해 아래 있는 모든 것을 **조명**해 준다. 설교자가 최소한 평균 수준의 현자가 되어야 할 대다수의 논제들까지 포함해서 말이다.

여기서 한 가지 덧붙일 말은, 지혜를 구하는 설교자는 일반 독서 프로그램에 대해 현실적인 기대를 가져야 한다는 것이다. 일반 독서 프로그램을 하면서 어느 한 주제에 대해 반드시 깊은 통찰을 얻고 그것을 소화한 다음 또 다른 주제를 파고들면서 그것을 전공하는 사람들보다 더 깊이 들어가려고 할 필요는 없다. 물론 설교자는 주변에서 늘 쉽게 얻을 수 있는 지식 말고 그 이상의 것을 독서를 통해 얻고 싶을 테지만, 그렇다고 해서 책을 읽으려 자리잡고 앉을 때마다 영혼이 산산이 부서졌다가 다시 회복되기를 기대할 수는 없다.

## '중량급 지혜'의 사례들

설교자가 독서에서 얻고자 하는 것은 아마도 내가 말하는 '중량급 지혜'middle wisdom일 것이다. 중량급 지혜란 삶을 통찰하되 평범 수준보다는 조금 더 깊은, 그러나 위대한 격언보다는 조금 못한 것을 말한다고 해보자. "교만은 멸망의 선봉"(잠 18:12) 같은 위대한 잠언은 수 세기에 걸친 깊은 통찰에서 나온 것이며, 그 수세기의 모든 경험이 그 자체에 농축되어 있다.

중량급 지혜는 이런 격언보다는 수수하다. 이는 평균 수준의 통찰력이다. 그렇지만 분명 습득할 만한 가치가 있다. 이는 설교자가 강단에 올라 평소에 염려하던 어리석은 짓을 저지르지 않게 막아 준다. 가장 먼저 떠오르는 것이 바로 진부한 설교다. 근거도 없이 추측하는 말 역시 그렇다. 애매모호한 말은 누구에게도 도움이 되지 않으며, 교조주의도 마찬가지다. 모호함과 교조주의는 특별히 더 어리석은 조합으로, 모호한 내용을 교조적으로 주장하는 이가 비단 목회자들만은 아니다. 예를 들어, 대학 사회에서도 무슨 뜻인지 도저히 알 수 없는 글을 써놓고는 그것을 강력히 주장하는 이들이 이따금씩 있다.

윌리엄 맥스웰이 한번은 「목수」(*The Carpenter*)라는 제목으로 이야기 한 편을 썼는데, 어떤 나쁜 '짓'이 등장하는 일종의 동화다.[3] 이야기 속 마을 목수는 정직하게 집을 짓는다. 그는 모든 것이 반듯반듯한 사람이다. 그는 톱질을 할 때도 "심장 박동 리듬"에 맞추어 톱질을 하고, "목공용 자와 뭉툭한 연필을 사용할 때도 마치 도덕적 원칙을 적용하듯" 했다. 한편, 마을 사람들은 차례로 그의 목공소를 찾아와 문을 닫고 그가 작업하는 것을 한참씩 지켜보고는 했다. 그리고 어느 순간이 되면 "당신은 남에게 말을 전하는 사람이 아니니 믿음이 갑니다"라고 하면서 한 가지 비밀을 알려 주었다. 만일 밖으로 새어 나가면 마을 사람 누군가의 삶을 망가뜨릴 그런 비밀을 말이다.

목수는 이런 식으로 본의 아니게 사람들의 비밀을 모아들이게 되었고, 어느 때부턴가 자신이 이렇게 비밀을 보관해 주는 사람으로 이용되고 있는 사실에 화가 나기 시작했다. 그래서 그는 비밀 하나를 누설하여 복수를 했다. 얼마 후 그는 비밀을 또 하나 누설했다. 그리고 어느 날 그는 나쁜 소문을 만들어 냈다. 그 소문이 퍼져 나갈 경우 마을의 사기꾼이 죽게 될 터였다. 결말 부분에서 목수는 목공소에서 여전히 톱질과 대패질을 하고 있다. 하지만 이제 그의 대패질은 전보다 자주 뻑뻑해지고 그의 톱은 연필이 그려 놓은 선을 깔끔하게 따라잡지 못한다. 이제 그의 연장들마저 정직하지 못한 것이다.

이 이야기에서 얻을 수 있는 중량급 지혜는 무엇인가? 맥스웰이 이 작품에서 어떤 교훈을 주고자 했는지 나는 잘 모르겠다. 어쩌면 아무 교훈도 없을지 모른다. 작가가 자기 작품에서 뭔가를 가르치려고 하는 경우는 드물다. 설령 무엇을 가르치려 했다고 해도 그것을 인정하는 경우 또한 드물다. 따라서 내가 할 수 있는 말은, 맥스웰이 의도했든 안 했든 나는 이 작품에서 중량급 지혜 한 가지를 건져 냈다는 것이다. 이 작품을 읽으면서 내 머릿속에 떠오른 생각은, 비밀에는 강력한 영향력이 있다는 것이다. **누군가에게 내 비밀을 털어놓는다는 것은 그 사람을 특별히 예우하는 것이라고 우리는 생각한다. 하지만 남의 비밀을 알고 있다는 사실이 그 사람 안에서 곪아 터져 독이 될 수도 있다. 내면에 어떤 피해도 입지 않고 사람의 비밀을 깊이 받아들일 수 있는 분은 오직 하나님뿐이다.**

시편 139편을 설교하는 날 우리의 설교자에게 필요한 것이 바로 위와 같은 중량급 지혜일 것이다. "하나님이여, 나를 살피사 내 마음을 아시며"(23절). 우리 마음을 샅샅이 뒤지라는 것은 아무에게나 흔히 할 수 있는 요청이 아니다. 우리 마음속에 있는 것을 보고 그 사람이 다칠 수도 있다. 하지만 하나님은 그렇지 않다. 절대 그렇지 않다.

『데니를 추억하며』(*Remembering Denny*)에서 캘빈 트릴린Calvin Trillin은 1950년대 예일 대학 시절의 한 교우 이야기를 한다.[4] 데니 핸슨은 잘생기고 유쾌하고 똑똑한 친구였다. 그는 캘리포니아 출신의 '엄친아'golden boy였고, 신기록을 수립한 수영선수였으며, 상냥한 마음씨로 숭배자들에게 자석 같은 마력을 발휘하는 사람이었다. 로즈 장학생으로도 뽑혔으며, 어떤 모임에 가입하든 늘 회장으로 활동하는 친구였다. 학창 시절 내내 친구들은 데니 핸슨

이 미국 대통령으로 선출될 날을 두고 내기를 하거나 농담을 하곤 했다. 친구의 부모들은 데니를 볼 때마다 그가 언젠가는 대법원장이 되든지 하원의장이 될 것이라고들 전망했다. 예일을 졸업하고 옥스퍼드에서 공부를 시작하려고 할 무렵 「라이프」(*Life*)지가 그곳에서 데니를 취재하여, 모든 것을 가진 청년 데니 핸슨에 관해 눈길 끄는 기사를 싣기도 했다.

그러나 예일 졸업 후 세월이 흐르면서 데니는 친구들과 점차 연락이 끊겼다. 친구들의 편지에 답장도 없었고 전화를 걸어 오는 일도 없었다. 나중에 알고 보니 언젠가부터 그의 인생 궤적이 내리막길을 걸었고, 그 사실을 친구들에게 말하고 싶지 않아 연락을 끊었던 것이다. 실제로 그는 대통령이 되지 못했고 하원의장도 되지 못했다. 결혼도 못했다. 그의 이력은 부끄러운 실패였다. 그가 이룬 것이라고는 평판 좋은 책 몇 권을 썼다는 것과 존 스홉킨스 대학의 국제관계학 교수 자리 하나를 차지했다는 것뿐이었다. 게다가 그는 지금보다 관용적이지 못했던 시대에 동성애자로 살았다. 그렇게 중년으로 접어든 캘리포니아 출신의 이 엄친아는, 어느 날 밀폐된 차고 안에서 차에 시동을 걸어 배기가스가 새어 나오게 해놓고 바닥에 누워 스스로 생을 마감했다.

**젊은이를 향해 너는 장차 큰일을 하게 될 것이라고 말하면 그것이 곧 그 젊은이를 칭찬하고 격려하는 것이라고 우리는 생각하지만, 그 기대가 무거운 짐이 되어 젊은이를 압도하고 짓누를 수 있는 것이다.**

설교자는 전기와 회고록에서 인물에 관해 많은 것을 배운다. 하지만 소설 또한 여러 유형의 인물들을 보여 주는 것으로 잘 알려져 있다. 여기서 한 가지 흥미로운 것은, 소설에서는 선을 묘사하기가 악을 묘사하기보다 더 어려운 것 같다는 사실이다. 독자들은 선한 사람 이야기는 지루해한다. 문학작품 속에서 나누는 행위는 빼앗는 행위에 비해 훨씬 재미가 덜하다. 일곱 가지 치명적인 죄(분노·탐욕·시기·식탐·음욕·교만·나태—옮긴이)는 글로 그림을 그리는 이들이 자주 사용하는 색깔이다. 일곱 가지 주요 미덕(신중·정의·절제·불요불굴·믿음·소망·사랑—옮긴이)은 그렇지 못한데 말이다. 그래도 위대한 작가들은 선의 가치를 알고 선을 잘 묘사한다. 설교자들은 설교자라는 직분상으로나 개인적으로, 위대한 작가들이 선을 어떻게 이해하고 묘사하는지 그 방식을 배울 필요가 있다. 디킨스의 작품에 등장하는 선한 인물들은 지나칠 정도로 착하지만—예를 들어 『황폐한 집』(*Bleak House*)의 에스더처럼—몇몇 인물들은 그 착한 성품에 설득력이 있고 어쩐 일인지 마음을 뿌듯하게 해주기도 한다. 『데이비드 코퍼필드』(*David Copperfield*)의 페고티가 그렇고 『위대한 유산』(*Great Expectations*)의 조 가저리가 그렇다.

그러나 소설이 그리는 선의 진정 위대한 성취는 토머스 하디 Thomas Hardy의 캐스터브리지 읍장이나 특히 빅토르 위고의 장 발장 같은 인물이다. 이들은 그 행동 동기와 개인사 때문에 분열되고 그늘진 인물이 되고 만다. 이런 인물들에게서 나타나는 선은 상처투성이에다 거칠기 때문에 오히려 더 신뢰가 간다. 베드로나 바울 같은 성경 인물을 설교할 때, 과거 있는 사람으로 산다는 것이 어떤 것인지 위와 같은 인물들을 통해 폭넓은 배경지식을 쌓지 않고도 설교할 수 있겠는가?

## 기준은 여전히 성경이다

설교자로서 내가 할 일이 인생에 대한 문학적 이해를 성경에 적용시켜야 한다거나, 그리하여 토니 모리슨Toni Morrison이나 코맥 매카시Cormac McCarthy를 읽고 알게 된 내용들을 확증해 주는 성경 구절만을 설교해야 한다는 말은 아니다. 단 한 순간도 그런 뜻을 내비친 적은 없다. 오히려 그 반대다. 성경은 인생의 큰 주제에 대한 우리 그리스도인들의 책이며, 이 책은 통상적 지혜를 박살내고 이 세상의 지혜를 전복시킨다.

　예수 그리스도, 곧 하나님의 지혜이신 그분이 십자가에 못 박히신 것은 헬라인들에게 어리석음의 표본이었다. 이 세상에서의 예수님의 계획과 행동은 이따금 전통적 지혜와는 결을 **달리할** 때가 있다. "나는 예수 그리스도, 하나님의 유일하신 아들, 우리 주님을 믿는다"고 우리는 신조에서 고백한다. 이렇게 고백하면서 나는 그리스도의 위격에 나 자신을 바친다. 하나님은 지저분하고, 비천하고, 육적이고, 굴욕을 당하고, 상처 입고, 죽을 수 없다고, 그런 하나님은 하나님이실 수 없다고 하는 모든 전통적 믿음을 성육신으로 뒤집어엎으신 그분께 말이다.

성경의 지혜는 세상의 많은 전통적 지혜를 전복시킨다. "나는 예수 그리스도, 하나님의 유일하신 아들, 우리 주님을 믿는다." 이렇게 말함으로써 나는 그리스도의 위격에, 그리고 그분의 성육신에 나 자신을 바칠 뿐만 아니라 죽음과 부활이라는, 직관에 반하는 바로 그 계획하심에도 나 자신을 바친다. 나는 예수님의 계획에 자신을 바치는 것에 대해 확신을 가질 필요가 있다. 그분의 계획하심에 자기를 바치는 것은 소진이 아니라 결국 생명으로 이어진다. 나는 예수께서 죽음을 통해 세상의 악을 자신에게로 빨아들이시되 다시 내뱉지 않으시며, 그리하여 수많은 세월 동안 반복되며 전해 내려온 복수의 순환고리를 잘라내신다는 것을 믿어야 한다. 나는 예수께서 부활을 통해 지금까지 닫혀 있던 문을 여시고 이제 늘 열려 있게 하신다는 것을 믿을 필요가 있다. 그리고 승천하신 영광 가운데 예수 그리스도께서 우리에게 천국 주소를 알려 주시니, 우리가 하늘을 올려다보면 예수께서 계신 곳 어디나 천국이다.

그리스도는 "하나님의 지혜"(고전 1:24)이시다. 그리스도에 대한 정평 있는 신학적 설명을 보면, 그분은 구속의 중보자이실 뿐만 아니라 창조의 중보자이시기도 하다. 내가 믿기로, 그리스도가 하나님의 지혜라는 말은 구속 메타포이기에 앞서 창조 메타포이며, 이는 예수 그리스도의 사역이 성삼위 하나님의 지혜와 표현력을 나타냄을 시사한다. 하나님의 지혜에 따르자면, 내가 잘되는 길은 다른 사람이 잘되도록 돕는 것이다. 내가 번영하는 길은 다른 이들이 번영하게 해주는 것이다. 나 자신을 실현하는 길은 타인을 위해 나 자신을 쓰는 것이다.

이는 고금을 막론하고 세상 사람들의 생각과 반대되는 생각이다. 설교자가 일반 독서에서 무엇을 얻든 이를 대체할 만한 것은 없다. 그리스도, 곧 하나님의 지혜이신 그분이 기준이다. 설교자는 그 기준에 **빗대어** 자신의 독서를 평가한다. 이는 예수 그리스도를 믿는, 그분의 죽으심과 부활하심을 믿는 단순하되 단호한 믿음의 문제다.

이렇게 우리 그리스도인들은 자기 부인의 입장을 취하며, 바보이기 때문에 자기를 부인하는 것이 아님을 우리는 확신한다. 우리는 겸손한 입장을 취하며, 겸손은 사실 강함을 나타내는 표지요 지혜의 일종임을 확신한다. 우리는 나에게 상처 준 사람을 용서하며, 분노할 권리가 있으되 분노하지 않아도 사실 별문제 없음을 확신한다.[5]

강단에서 설교자의 권위는 일반 문헌이 주인 노릇하는 데서 나오지 않는다. 설교자로 안수받을 때 그 무엇도 나에게 "소설가 필립 로스가 말하기를"이라 선언하라고 강요하지 않는다. 다만 하나님의 보편적 은혜를 감안해서, 모든 진리는 다 하나님의 진리임을 고려해서, 그리고 성령께서 어디든 원하시는 대로 임하신다는 것을 생각해서 나는 작가들과의 대화가 때로 성경과 공명共鳴하는, 어쩌면 성경을 **설명하는** 지혜를 주기를 기대할 수 있을 뿐이다.

**우리는 하나님이 아니다**

물론 세상에는 반反 지혜도 있다. 허무주의 작가, 우연히 허무주의를 드러내는 작가, 유물론 작가, 지극히 매력적인 인본주의 작가, 성·로맨스·사랑을 하나로 보는 작가 등 온갖 부류의 작가들이 있다. 설교자로서 나는 이런 작가들에 대해서도 알고 싶다. 이들에게서도 교훈을 얻고 싶다. 설교 때 이들의 작품에 대해서도 언급하고 싶다. 허무주의자와 무신론자에게서 교훈을 얻는다는 것은 긴장되는 일이다. 훌륭한 스승들에게서 볼 수 있는 확신과 겸손이 조화된 모습, 내가 그 모습에서 정말로 무엇인가를 습득했는지, 허무주의자와 무신론자를 접하면서 드러나게 될 수도 있다. 나는 그리스도가 하나님의 지혜이심을 확신하고 싶다. 거기에 부수되는 그 모든 믿음과 더불어 말이다. 또한 나는 그리스도를 조금도 믿지 않는, 그럼에도 불구하고 나에게 많은 가르침을 줄 수 있는 명석한 작가들 앞에서 겸손하기를 원한다.

내 손에 들린 책의 작가를 향해 겸손한 태도를 보인다는 것은 아마 그 작가의 세계관을 경계짓는 일에 관한 한 서두르지 말아야 한다는 의미일 것이다. 여기서 나는 허무주의 작가, 유물론 작가, 인본주의 작가들만 언급했는데, 작가에게 이런 딱지를 붙이는 일에도 신중해야 할 것이다.

언젠가 스탠리 위어스마Stanley Wiersma의 편지에서 이런 취지의 조언을 받은 적이 있다. 그는 지난 세기에 칼빈 대학에서 영어를 가르친 매우 뛰어난 교수다. 그는 위대한 작가의 세계관을 섣불리 단정짓지 말라고 했다. 한 작품이 어떤 세상을 그려내고 있는지에 대해 오만한 태도를 보이지 말라. 그리스도인의 사랑에 비추어 그것을 타도하기 위해서라면 더더욱 그러지 말아야 한다. 우리는 이런 식으로 독서를 하기가 얼마나 쉬운지. 이는 참 씁쓸한 일이다. 스콧 피츠제럴드는 A라는 의미에서 볼 때 틀렸고, 마크 트웨인은 B라는 의미에서 틀렸고, 조너선 프랜즌은 C라는 의미에서 틀렸다 등등. 이것은 독서라기보다 사냥에 가깝다. 찾아내서 죽이고, 칼로 도려내서 점심 식탁에 올리는 것이다.

한 작가의 세계관을 섣불리 규정지으면 안 되는 한 가지 단순한 이유가 있다. 그것은 우리가 하나님이 아니라는 사실이다. 우리는 작가의 소설을 읽는 것이지 그 작가의 마음을 읽는 것이 아니다. 소설에 나타난 지배적 관점에 이름을 붙이는 일에 관한 한 그것은 사람들에게 이름을 붙이는 일만큼 복잡하다. 세상에 평이한 소설은 거의 없다. 소설이 지닌 위대함 가운데 하나가 바로 그것이다. 『분노의 포도』가 얼마나 여러 가지 방식으로 읽힐 수 있는지 생각해 보라. 이는 사회 저항소설인가? 아니면 약속의 땅을 향한 순례를 그리는 성경적 대하소설인가? 혹은 역경을 이겨내는 이웃 사랑의 승리를 그리는 이야기인가? 고립을 이겨내는 연대의 이야기? 스타인벡의 시각은 자연주의인가? 범신론인가? 아니면 자연주의적 범신론인가? 그것도 아니면 신비적 자연주의적 범신론인가?

단정짓기도 어렵고 지극히 불필요한 일이기도 하다. 어떤 글

러브를 끼워 주든, 스타인벡은 우리에게 일격을 가하기 때문이다.

"네가 얻은 모든 것을 가지고 지혜를 얻을지니라." 우리 설교자는 책에서 만나는 사람들에게서 지혜를 얻고 싶어 한다. 그리고 세계관을 확실하게 단정지을 수 없는 작가들에게서 지혜를 얻는 경우도 많을 것이다.

한편, 작가가 어떤 멋진 중량급 지혜를 제공해 주어도 설교자에게 이것이 불필요한 경우도 종종 있다. 설교자에게 이미 이 지혜가 있기 때문이다. 설교자가 로버트 프로스트의 연극적 시 「가족 묘지」(Home Burial)를 읽고 있다고 가정해 보자.[6] 117연으로 이루어진 이 시는 아이를 잃은 한 남자와 여자를 중심으로 이들에게 감정을 이입하고 통찰하는 걸작이다. 여자는 위로할 길 없는 슬픔에 잠겨 있고 남자는 상실을 받아들이고 일상으로 돌아올 준비를 하고 있다. 여자는 과거를 추억함으로써 슬퍼하고 남자는 앞날을 계획함으로써 슬퍼한다. 남자와 여자 그 어느 쪽도 상대방이 나름대로 슬퍼하는 방법이 있다는 것을, 슬픔에서 헤어 나오는 속도가 서로 다르다는 것을 생각지 못하며, 이런 것들을 두고 벌이는 다툼이 끝내 두 사람을 갈라놓고 만다. 프로스트는 자신의 비통한 경험을 바탕으로 이 시를 썼고, 그래서 아주 깊은 이해를 가지고 시를 썼다.

이 시에서 프로스트는 설교자에게 아무것도 알려 주지 않는다. 우리 설교자는 자녀를 잃고 슬퍼하는 사람들을 목회자로서 돌본 경험이 있다. 프로스트는 설교자가 그 경험을 통해 알고 있는 것을 다시 확인해 준다. 설교자는 자녀를 잃고 슬퍼하는 부모에 관해서라면 프로스트의 시에 또 한 수의 시를 덧입힐 수 있을 정도다. 설교자가 이미 알고 있는 것, 그리고 프로스트가 확인해 주는 것은, 사랑하는 자녀를 잃었을 때 그 부모도 결국 서로를 잃는 파국을 맞는 경우가 많다는 것이다.

## 알아서는 안 되는 것들

설교자는 다소간에 현인이 될 필요가 있는데, 지혜로운 저술가들이 이에 도움이 되어 줄 수 있다. 설교자는 로저 새턱Roger Shattuck의 사회 평론을 읽어야 할 것이다. 『금지된 지식』(Forbidden Knowledge)이라는 책에서 새턱은 계몽주의 시대 이후로는 거의 상상도 못한 한 가지 개념, 곧 우리 인간이 알아서는 안 되는 무엇인가가 있을지도 모른다는 개념을 탐구한다. "어떤 언어에든, 인간이 감당할 수 없을 만큼 많은 것을 알게 될 수도 있음을 알려 주는 격언이 있다"고 그는 말한다.[7]

옛날 사람들의 이 직관은 그저 편협한 시야에 지나지 않는 것일까? 아니면 건전한 경고 신호를 보내 주고 있는 것일까? 2012년 1월 27일, NBC '나이틀리 뉴스'에서는 론 포치어Ron Forchier라는 과학자가 지금까지 알려진 것 중 가장 위험한 것으로 여겨지는 바이러스를 만들어 냈다는 소식을 전했다. 그는 일반적으로 인간에게 아무 위협도 되지 않는 조류 인플루엔자를 채취하여 흰담비에게 감염시켰고, 그러자 다른 담비들 사이에도 이 인플루엔자가 급속히 퍼져 나갔다. 그리고 흰담비 인플루엔자는 인간 인플루엔자의 모델로서, 신속히 퍼져 나가 치명적 결과를 낳는 것으로 밝혀졌다. 다른 과학자들은 만일 포치어의 바이러스가 그의 실험실 밖으로 유출될 경우 끔찍한 전염병을 일으킬 것이고 아마 세계 인구의 60%가 이에 감염되어 사망할 것이라고 관측한다.

바이러스가 실험실 밖으로 유출되어 사람들을 감염시킬 수 있다는 것도 위험하지만, 문제는 이뿐만이 아니다. 이보다 더 큰 위험은, 이 바이러스를 만들어 내는 방법이 나쁜 의도를 가진 사람들의 손에 들어갈지도 모른다는 것이다. 「사이언스」(Science)와 「네이처」(Nature) 두 저널에서 포치어 박사의 연구 결과를 게재할 예정이었지만, 정부의 보건 정책을 자문하는 한 전문가는 결정적 부분까지 상세히 밝히지는 말아 줄 것을 요청했다. 자칫 바이러스 제조 비결이 테러리스트들에게 통째로 넘어가게 될 것이 두려웠던 것이다.

포치어 박사는 왜 이런 실험을 했을까? 그는 간단히 대답했다. "알 수 있는 것은 알고 싶었기 때문"이라고.

그런데 인간이 알 수 있는 것 가운데 탐구해서는 안 되는 것도 있는가? 우리가 알면 안 되는 것은 어떤 것들인가? 감염되는 사람마다 모두 죽는 그런 인플루엔자를 만드는 방법? 실제로 비행기가 공중 충돌하는 광경? 내 남은 수명이 정확히 얼마나 될까 하는 것? 친구가 하마터면 내게 발설할 뻔했던 비밀? 내 부모님은 사랑을 나누실 때 어떻게 하실까 하는 것?

로저 새턱은 사드 후작<sup>Marquis de Sade</sup>(18세기 프랑스의 작가·사상가. 외설과 부도덕, 신성모독 행태로 악명 높다—옮긴이)의 저작이 인간이 알아서는 안 될 지극히 위험한 것들에 대한 탁월한 사례가 되어 준다고 말한다. 즉, 잔혹·수치·살인이 어떤 식으로 어우러져 정욕을 불러일으키고 지속시키는지에 대해서, 또한 내가 피해를 입힌 사람의 고통을 간과하지 않고 오히려 기뻐하며 즐기는 방법에 대해서 말이다. 새턱은 이런 일들에 대해 논한 뒤 이를 바탕으로 놀라운 사실 한 가지를 이야기한다. 지난 몇십 년 동안 일부 학자들은 사드의 명성을 회복시키고, 비판 일색으로 그를 못마땅해 하는 이들에게서 그를 구해 내려고 애써 왔다고 말이다.

새턱은 아우구스티누스의 『고백록』(*Confessions*) 제10권에 대한 인상적 논의에서 아우구스티누스가 말하는 '리비도 스키엔디' <sup>libido sciendi</sup>, 곧 앎에 대한 욕망에 주의를 환기시키며, 아우구스티누스는 이 욕망을 비교적 일반적인 욕망보다 더 위험한 것으로 여겼다고 언급한다. 왜냐하면 이 욕망은 하나님의 전지하심과 경쟁하려 할 수 있고, 그리하여 하나님의 대권적 권능을 찬탈하려 할 수 있기 때문이다.

내가 생각하기에, 이 모든 것은 설교자가 깊이 고민해 볼 만한 가치가 있다. 창세기 2장에 등장하는 선악을 알게 하는 나무, 그리고 하나님께서 그 나무의 열매 먹는 것을 금하신 이야기를 우리는 어떻게 생각해야 하는가? 이 금지명령으로 하나님의 어떤 특권이 보호되며, 그 명령을 멸시함으로써 인간에게 어떤 재앙이 촉발되는가? "여호와 하나님이 그 사람에게 명하여 이르시되 동산 각종 나무의 열매는 네가 임의로 먹되 선악을 알게 하는 나무의 열매는 먹지 말라. 네가 먹는 날에는 반드시 죽으리라 하시니라"(창 2:16-17).

어렸을 때 나는 이 신비로운 말씀이 아담과 하와의 순종을 시험하는 말씀이며, 어쩌면 독단적인 말씀일 수도 있다고 생각했다. 그러나 만일 이 말씀이 은혜로운 경고의 말씀이라면? 하나님의 이 금지명령이 발전소 벽에 붙은 위험! 고압 주의! 접근 금지! 팻말 같은 것이라면?

설교자는 금지된 지식에 관해 섀턱에게서 지혜를 얻을 수도 있고, 분노에 관해서는 개럿 케이저Garret Keizer(미국의 작가·평론가. 성공회 사제로도 봉직했다―옮긴이)에게서,[8] 가정 안에서의 신앙적 억압에 관해서는 치마만다 은고지 아디치에Chimamanda Ngozi Adichie(나이지리아 출신 소설가. 영어로 글을 쓰며, 21세기 아프리카 문학의 정수를 보여 준다―옮긴이)에게서 지혜를 얻을 수 있다.[9] 우리 설교자는 데니얼 골먼Daniel Goleman(미국의 심리학자·경영사상가. 감성지수 EQ라는 개념을 만들어 IQ보다 EQ가 중요하며, EQ는 학습을 통해 계발될 수 있다고 주장하여 교육의 패러다임을 바꾸어 놓았다―옮긴이)에게서 교묘한 자기기만을,[10] 시어도어 드라이저Theodore Dreiser에게서는 아웃사이더로 사는 고통에 대해 배우게 될 것이다.[11] 이런 주제들은 수백여 가지 가운데 자그마한 표본으로, 성경에도 등장하며, 언젠가는 우리 설교자의 설교에도 모습을 드러내게 될 것이다. 설교자가 위와 같은 작가들의 글을 읽고 깊이 묵상하는 시간을 가진다면, 후에 이런 주제들에 대해 설교문을 작성하게 될 때 많은 도움을 받을 수 있을 것이다.

때로 소설 작품이 목회자의 소명 의식과 목회자로서의 정체성 확립에까지 도움을 줄 수도 있다. 2004년, 메릴린 로빈슨은 『길리아드』(Gilead)를 발표했는데, 후에 퓰리처상을 받게 될 이 서간체소설 표지에는 제임스 우드James Wood(영국의 작가 · 비평가 —옮긴이)가 「뉴욕타임스」 리뷰난에 기고했던 축하 서평이 실려 있다. 주목할 만한 사실은, 그러한 격찬(유럽의 주요 신문에도 이 작품에 대한 칭찬이 빗발쳤다)이 조용하고 작은 시골 마을 목사 존 에임스가 자신의 설교 본문에 대해 설명하고 아기에게 세례를 베풀 때 기분이 어떤지에 관해 이야기하는 한 소설에 주어졌다는 것이다. 76세의 이 노인은 은혜와 진리로 충만하지만, 한편으로는 큰 회의를 품고 있다는 것이 드러난다. 왜냐하면 그는 거의 평생을 고통스러운 고독 가운데 살아왔기 때문이다. 그는 성경이 복잡한 고대 문헌임을, 그리고 성경을 해석하기가 힘들 때도 있었음을 인정한다. 그는 자기 자신을 쏟아부어 설교하면서 "진리를 말하려고 애를 쓰지만", 어느 날 누군가가 필경 그 설교문을 불태워 버리리라는 것을 알면서도 여전히 평온하다.

에임스는 자기 교인들의 실존 그 자체를 성례로 거행하면서 한 사람 한 사람을 둘도 없는 존재로 대한다. 그에게는 교인 한 사람 한 사람이 모두 독특하고 눈부신 하나님의 착상着想이다. 목회자로서의 그의 정체성은 그 안에 기분 좋은 자기 풍자를 숨겨 놓을 수 있을 만큼 확고하다. 내가 보기에 이 자기 풍자는 특별히 호소력 있는 일종의 겸손으로 보인다. 에임스는 자신의 꿈을 우리에게 이야기한다. "나는 예수님 바로 그분에게 설교를 했단다. 내가 아는 한 그 어떤 어리석은 이야기도 하지 않았지. 그러면 그분은 그 희디흰 의복을 입고 저기 앉아 참을성 있는 표정도, 슬픈 표정도, 놀란 표정도 지으셨지." [12]

존 에임스는 성경으로 충만하다. 하지만 소설에서 그가 마지막으로 하는 말은 바로 리어 왕이 했던 말이었다. "기도할 거야. 그러고 나서 자야지."

바로 오늘 밤에 실천해도 좋을 지혜 아닌가.

# {5장} 삶의 다양성에 대한 지혜

이번 장은 소설에서 인용한 네 개의 인용문으로 시작해 보겠다. 이 네 구절 모두 어떤 특정한 방향을 향하고 있는데, 그 방향이 무엇인지는 차차 드러나게 될 것이다. 한 이야기의 도입부에 네 가지 표본exemple을 제시한다는 것은 꿰지 않은 구슬을 잔뜩 던져 주는 것과 같다고 생각할 수도 있다. 맞는 말이다. 하지만 스티븐 비진체이Stephen Vizinczey의 소설 『순진한 백만장자』(*An Innocent Millionaire*)에 나오는 마피아의 살인청부업자 발리오네를 생각해 보라.

발리오네는 "자신을 킬러killer로 여기지 않았다." 왜냐하면 자신의 권한으로 죽일 수 있는 사람들 중에서 그가 실제로 죽인 사람은 겨우 아홉 명밖에 되지 않았기 때문이다. 그는 수백 명을 살려 줬다. 그래서 그는 자신이 "자제력이 엄청난 사람"이라고 생각했다.[1] 나도 발리오네와 같은 생각이다. 수백여 가지 표본으로 이번 장을 시작할 수도 있지만 나는 그중에서 네 가지를 골랐다. 왜냐하면 나는 자제력이 엄청난 사람이기 때문이다. 게다가 나는 발리오네를 첫 번째 표본으로 골랐다.

**두 번째 표본**은 빅토르 위고 작품에서 가져왔다. 그의 걸작 『레미제라블』은 길고도 길게 이어진다. 왜냐하면 호기심을 자극하는 어떤 주제가 나올 때마다 위고가 자꾸 곁길로 빠져 그 흥미진진한 주제를 탐구하기 때문이다. 예를 들어 게으름이 바로 그런 한 주제인데, 위고는 게으름을 자멸에 이르게 하는 것으로 묘사한다. 게으른 사람은 일에 저항하고, 일을 싫어하며, 일을 가지고 끙끙 앓는다. 그래서 그냥 달라붙어 시작했더라면 괜찮았을 일이 두 배나 더 재미없는 일이 되고 만다.[2]

위고의 이야기는 끊임없이 곁길로 빠지기는 하지만, 그런 중에도 그는 인간의 삶을 깊이 들여다보았다. 이러한 그의 시각이 가장 예리하게 드러나는 것은 장 발장의 숙적 자베르 경감을 묘사하는 장면이다. 알다시피 장 발장은 이 소설의 주인공이다. 그는 체격 건장하고 마음에 깊은 갈등이 있는 사람으로, 경건한 사제 비엥브뉘 신부의 자비에 크게 마음이 흔들려 결국 선한 사람, 믿을 만한 선한 사람이 된다. 실제로 이 소설 속의 그는 복잡한 내면을 가진 선인으로 가장 탁월하게 묘사된 한 예다. 장 발장이 우리에게 더더욱 흥미롭고 그럴듯하게 보이는 이유는 그가 과거를 지닌 인물이기 때문이다.

그는 자베르 경감이라는 인물을 통해 자신의 과거에 쫓긴다. 자베르는 장 발장이 오래 전에 저지른 범죄목록(실제이든 추정이든)을 갖고 있으며, 장 발장 추적을 포기할 마음이 없다. 그것은 자베르가 법률주의자요 자신의 의를 열심히 그리고 엄격하게 추구하는 사람으로서, 늘 깨어 있고 늘 주변을 경계하고 있기 때문이다. 나는 자베르를 시편 139편과 종종 연관지어 생각하곤 한다. "주께서 나를 살펴보셨으므로 나를 아시나이다. 주께서 내가 앉고 일어섬을 아시고"(1-2절).

하나님이 만일 가혹하고 무자비한 수사관이라면, 늘 깨어서 주변을 경계하는 분이라면, 폴 틸리히Paul Tillich가 "어느 세대에나 하나님을 죽이고 싶어 하는 사람들이 있다"고 말한 것도 무리가 아니다. "모든 것을, 인간 또한 보시는 하나님은 죽어야 할 하나님이다. 인간은 그런 목격자가 살아 있는 것을 견디지 못한다."[3]

자베르가 공언한 의무는, 법을 위반한 자를 찾아내어 벌을 받게 하는 것이다. 위고는 자베르가 "마치 사제 노릇을 하듯 수사관직을 수행했다"고 말한다. 자베르에게는 법이 신이었고, 법은 그토록 신성불가침이었기에 조금이라도 이를 위반하면, 설령 굶주린 아이들을 먹이려고 빵 한 덩이를 훔친 사람일지라도 멸시와 징벌을 받아 마땅했다. 자베르에게 이 판단은 절대적이다. 그는 말한다. "하나님은 아시지, 친절한 사람이 되기는 쉽다는 것을. 정말 어려운 건, 정의로운 사람이 되는 거야."[4]

결국 자베르는 은혜에 의해 파멸한다. 그는 마침내 장 발장을 잡지만, 충격적 반전이 벌어져 장 발장이 자베르를 처치할 수 있는 상황이 된다. 자베르를 죽이고 고통을 영원히 벗어 버릴 수도 있었지만, 장 발장은 그렇게 하지 않는다. 장 발장은 자베르를 놓아준다. 이 뜻밖의 자비에 자베르는 망연자실해진다. 난생 처음으로 그는 중죄인을 찬미하고 있는 자기 모습을 보게 되며, 그런 자신을 참지 못한다. 세상에 자비로운 범법자가 있다니? 위고는 자베르가 "세상에 이 괴이한 인간……자비로운 범법자가 존재할 수 있음을 인정하지 않을 수 없었다"고, 그리고 이 사실은 자베르를 "뿌리부터" 갈가리 찢어 놓았다고 말한다.[5]

게다가 자베르는 장 발장의 친절에 전염성이 있다는 것을 알게 된다. 그는 자신이 받은 대로 보답하고 싶은 충동, 이제 장 발장을 놓아 보내주고 싶은 충동을 느낀다. 이러한 충동이 생긴 것에 두려움을 느낀 자베르는, 자신의 고결한 원칙에 반하여 스스로 죄를 지었으며 이제 자신에게 남은 단 하나의 명예로운 길은 자살뿐이라고 결론을 내린다.

### 주술, 그리고 문지기를 자청한 여인

**세 번째 표본**: 데이빗 던컨David Duncan의 소설 『K 형제들』(*The Brothers K*)에서 우리는 야구를 좋아하는 한 가족을 보게 된다. 특히 파파 챈스는 지금은 공장 노동자이지만 과거 프로야구선수가 되고 싶어 했던 사람이다. 비록 야구선수가 되지는 못했어도 여전히 그는 아들들에게 야구 이야기 들려주기를 좋아했다.

어느 날 그는 보스턴 레드삭스의 위대한 타자 테드 윌리엄스 이야기를 한다.

그는 윌리엄스가 스트라이크존이 어디인지 알고 있었다고 이야기한다. "심판이 스트라이크존이라고 하면 어디나 다" 스트라이크존이라고 말이다.[6] 스트라이크존은 심판의 머릿속에만 존재한다. 이것을 안 윌리엄스는 한 가지 꾀를 낸다. 그는 인터뷰를 잘 안하는 선수였는데, 어느 날 한 작은 언론사 기자에게 인터뷰를 허락한 뒤 기자의 모든 질문에 성실하게 답변하다가 마침내 자신이 원하던 질문을 받아낸다. "어떻게 그렇게 안타를 잘 치나요?" 윌리엄스는 투수들을 연구한 덕분이라고, 집중력과 타격 기술과 배트 스피드가 다 좋기 때문이라고 대답한다. 그리고 바로 그 지점에서 윌리엄스는 기자의 맹한 눈을 들여다보며 이렇게 말한다.

손목 움직임이 빠른 선수도 있고 느린 선수도 있다는 건 누구나 다 알지요. 하지만 눈이 빠른 선수도 있고 느린 선수도 있다는 사실을 아는 사람은 많지 않습니다. 제 눈이……제가 안타를 많이 칠 수 있는 열쇠입니다. 저의 비밀 병기죠. 눈이 빠르기 때문에 저는 어떤 투구든 다 볼 수 있습니다. 강속구가 날아와 제 방망이에 부딪쳐 날아갈 때까지 계속 말입니다.[7]

파파 챈스는 아들들에게 말했다. "심판들도 신문을 보지. 다른 사람들과 마찬가지로 말이야. 그들도 신문을 사서 읽었어." 그다음 시즌, 윌리엄스의 스트라이크 존은 1평방피트로 줄어들었다. 윌리엄스가 타구를 치지 않으면 심판들은 공이 높은지 낮은지, 안쪽 공인지 바깥쪽 공인지 그의 빠른 시선이 **알아챈** 것이라고 짐작했다. 홈베이스의 양쪽 모서리는 존재하지 않는 것이나 마찬가지였다. "패스트볼을 보는, 그것도 흐릿하게 보는 게 아니라 넷으로 갈라진 희고 통통한 야구공 표면의 백여덟 개 진홍빛 실밥까지 보는 윌리엄스의 베이비블루색" 눈동자에 도전을 던지고 싶어 하는 심판이 아무도 없었기 때문이다. 윌리엄스가 심판들에게 한 일은 주술 voodoo 을 거는 것이었다. "다음 시즌 윌리엄스가 400안타를 기록"한 것은 모두 "윌리엄스의 시력이 좋았기 때문이지만, 그의 주술은 아주 눈부셨다." [8]

**네 번째 표본**: 1999년 줌파 라히리 Jhumpa Lahiri 는 『질병 통역사』(*Interpreter of Maladies*) 라는 제목의 단편선집으로 등단하면서 퓰리처상을 수상했다. 이상할 것도 없다. 그녀의 이야기들은 유쾌하고, 재미있고, 매혹적이다. 이 선집에 실린 작품들 중에는 가슴 아플 만큼 슬프게 끝나는 이야기가 많다. 산문체 문장은 단순하고도 서정적으로 줄곧 노래하듯 전개되면서, 절대 문장 자체에 주의를 끌지 않고 문장이 연주하는 음악에 주의를 환기시킨다. 라히리는 연주회장의 바이올리니스트를 닮았다. 관객들이 집으로 돌아가면서 "얼마나 멋진 조음調音이었는가! 음색은 또 얼마나 아름다웠는지!"라고 감탄할지 신경 쓰지 않는 바이올리니스

트. 훌륭한 바이올리니스트는 관객들이 연주회장을 나서면서 "우리에게 프로코피예프(20세기 전반 소련을 대표하는 작곡가―옮긴이)를 주셔서 감사합니다, 하나님!"이라고 말하기를 원한다.

라히리는 인도계 미국인으로, 런던에서 태어나 미국의 로드아일랜드에서 자랐다. 라히리의 작품은 주로 미국으로 이주한 인도 이민자들의 삶을 몇 세대에 걸쳐 묘사한다. 그 작품들은 매우 흥미로운 모습을 보여 준다. 그중 두어 작품은 인도를 배경으로 시작되는데, 「진짜 경비원」(A Real Durwan)도 그 가운데 하나다.[9]

더완durwan은 인도에서 문지기, 특히 아파트 경비원을 말한다. 라히리는 작품 속에서 부리 마라는 인물을 등장시키는데, 그녀는 콜카타에 있는 한 아파트의 사실상의 문지기다. 부리 마는 아파트 입구 오른쪽 우편함 밑에 누비이불 한두 개를 깔아 놓고 잠을 잔다. 아파트 주민들은 별로 신경 쓰지 않는다. 거기서 그렇게 잠자리를 얻는 대가로 부리 마가 건물 계단을 청소해 주기 때문이다.

부리 마는 예순네 살이다. 그녀는 목소리가 날카롭고 관절염을 앓고 있으며, 콜카타로 쫓겨 오기 전 떵떵거리며 살던 시절에 얽힌 많은 이야기를 지닌 여인이다. 사람들을 만날 때마다 그녀는 한때 발을 내딛는 곳마다 대리석이 깔린 집에서 살았다는, 값비싼 속옷이 얼마나 쾌적했는지 모른다는, 큰 부잣집으로 시집가는 셋째 딸 결혼식에 시장이 참석했다는 이야기를 늘어놓는다.

부리 마는 과거 귀중품을 담아 두었던 궤짝 열쇠고리를 아직도 가지고 있다. 부리 마가 겉옷 끝자락에 매달아 놓은 이 열쇠고리는 그녀가 빗자루로 계단을 청소할 때나 과거의 영화에 대해 혼잣말을 할 때 찰랑찰랑 부딪치는 소리를 내고, 지나는 사람들은 그 소리를 들으며 부리 마가 얼마나 화려한 시절을 살았는지를 떠올리곤 한다.

뭐, 아파트 주민들은 부리 마의 이야기가 얼마나 신빙성 있는 이야기인지 아무도 모른다. 그래도 어쨌든 이들이 그녀를 묵인하는 것은 그녀의 이야기가 재미있기 때문이기도 하고 계단을 늘 말끔하게 청소해 놓기 때문이기도 하다. 그리고 한 가지 더 있다. 부리 마가 실질적 문제 하나를 관리했기 때문이다. 부리 마 자신이 주장하다시피, 그녀는 아파트 출입 관리를 자청하여 떠맡는다. 잡상인을 가려내고, 주민들에게 인력거를 불러 주고, 침을 뱉거나 소변볼 데가 없나 하고 아파트 입구를 살피는 부랑자들을 쫓아내는 등 그녀는 건물을 둘러싸고 벌어지는 일들을 다 감시한다. 부리 마의 열쇠 짤랑이는 소리와 진짜인지 의심스러운 옛이야기가 거슬리기라도 할라치면, 주민들은 문지기를 자청한 그녀가 그 일을 꽤 괜찮게 해내고 있다는 사실을 떠올린다.

이때 이야기에 반전이 생긴다. 아파트 주민 한 사람이 돈이 좀 생기자 자기 집에 세면대를 설치한다. 그리고 통 크게도 그는 다른 주민들이 공동으로 사용할 수 있도록 공용 세면대 하나를 더 마련한다. 맨발의 배관공들이 와서 세면대를 설치하고, 그 통 큰 사람은 주민들을 모두 불러 세면대를 사용하라고 한다. 주민들은 정말 좋아한다. 그도 그럴 것이 그들은 지금까지 작은 컵에 조금씩 모아둔 물로 이를 닦곤 했기 때문이다.

부리 마는 별 감흥이 없다. 그녀는 새 세면대를 보고 코웃음을 친다. "우리 집 목욕물에서는 꽃잎과 향유 냄새가 났다오." 그녀는 말한다. "내 말을 믿든 안 믿든, 여러분들이 꿈도 못 꿀 정도로 호화스러웠지요." [10]

그런데 뜻밖에도 세면대는 적의와 소문의 근원이 되고, 여기 얽힌 일련의 사건들에 부리 마까지 휘말려 아파트 주민들과 맞서게 되고, 주민들은 문지기를 자청한 이 여인 대신 진짜 경비원을 고용해야 한다고 아우성을 치기 시작한다.

라히리가 하는 말을 듣다 보면 스토리가 뇌리에 각인이 된다. 하인을 부리고 살았던 사람이라고 하기에는 참으로 놀랍게도 계단 청소를 잘하는 한 여인이 여기 있다. 그녀는 당당한 태도로 허름한 아파트 입구를 지킨다. 그것은 큰 재산을 관리해 본 경험(어쩌면 상상 속에서의) 덕분이다. 기억하기 쉽게 말하자면, 이야기는 수도 설비 하나가 어떻게 사람들의 삶에 저주가 되는지에 초점을 맞춘다. 애초에 그 설비를 축복으로 여겨 환영했는데 말이다.

이야기를 따라가다가 우리는 이국적인 곳에서 익숙한 것을 발견하고 놀라게 된다. 콜카타의 허름한 아파트에서 우리는 신분과 수치심, 감사와 적의, 옛 영화에 대한 꿈, 그리고 사실이라고 하기에는 너무 멋진 이야기들이 불러일으키는 의심 등을 발견한다. 콜카타의 그 아파트 밖 골목에서는 여덟 살배기 소년들이 술

래잡기를 하고 있다. 세상 모든 곳의 여덟 살배기 아이들이 그러
하듯이.

## 생각처럼 단순하지 않다

자제력을 자랑하는 살인청부업자 발리오네, 은혜를 입고 망연자
실했던 자베르, 시력보다 주술 실력이 뛰어난 테드 윌리엄스, 겉
옷 자락에 매달린 열쇠묶음이 과거의 영화와 현재의 수치와 함께
짤랑이는 부리 마. 지금까지 이렇게 네 사람을 살펴보았다.

설교자는 왜 이런 인물들에 대해 알고 싶어 하는 것일까?

설교자로서 내가 대답한다면, 발리오네, 자베르, 테드 윌리
엄스, 부리 마 이들 모두가 나를 놀라게 한다는 것이 이들에 대
해 알고 싶은 이유다. 이들은 저마다의 방식으로 내 상상력을 끌
어당기고 확장시킨다. 이 인물들은 인생이 내가 상상하는 것보다
훨씬 다양하고 신비하다는 것, 그리고 인생은 내가 구분지어 놓
은 양지陽地 쪽에만 머물지 않는다는 것을 각자의 삶을 통해 일깨
워 준다.

대단한 평론을 여러 편 집필한 조셉 엡스타인도 한 평론에서
이 사실에 대해 말한다. 엡스타인은 밀란 쿤데라Milan Kundera의 말
을 인용하여, 훌륭한 문학은 늘 복잡다단하다는 점을 상기시킨
다. "소설가는 독자를 향해 말한다. 당신이 생각하는 것처럼 일이
그렇게 단순하지는 않다고……. 인생은, 인생을 설명하는 그 어
떤 진부한 교리나 개념 혹은 이론보다 훨씬 더 놀랍고 기이하고

매혹적이고 복잡하고 풍성하다고." 훌륭한 작가들의 작품을 읽으면서 우리는 "삶의 다양성을……강력히 체험하게 된다.……삶의 현실은 얼마나 놀라운지. 삶의 작동 원리를 파악하려는, 혹은 삶의 어떤 진지한 국면을 나름 설명해 보려는 지극히 성실한 시도에 대해서까지 삶은 얼마나 냉혹한지!"[11]

설교자로서 나는 내가 가진 진부한 교리가 도전을 받기를 원한다. 나도 여느 사람처럼 교리 면에서 근시안적인 입장을 갖기 쉽고, 만일 강단에서 그런 교리적 단견을 싸구려 물건 팔듯 선전한다면 그것은 복음 안에 있는 풍성한 삶에 대한 이해를 전복시키는 것이요, 풍성한 삶에 대한 이해를 널리 전할 책임이 있는 자로서 자격을 잃는 것이기 때문이다.

한 가지만 예를 들어 보겠다. 설교자로서 나는 한 개인의 정체성에 대해 말할 때나 내 정체성을 올바로 이해해야만 가능한 바람직한 삶에 대해 말할 때, 사회적·문화적으로 교조주의의 입장을 취하지 않도록 신중을 기해야 한다. 이 부분에서 설교자는 당대에 유행하는 양식에 함몰되기가 쉽다. 1970년대에 로버트 슐러Robert Schuller가 자존감을 인간 발전의 주요 부분으로 보다가 나중에는 그것을 아예 가장 중요한 부분으로 받아들였던 것처럼 말이다. 1980년대 슐러는 한 저서를 펴내어 자존감이 구원과 동일한 것이며 자존감에 대한 자신의 통찰이 이른바 '새로운 종교개혁'을 이루었다는 입장을 명시적으로 밝혔다.[12]

바로 여기서 누군가가 이렇게 말할 필요가 있었다. "잠깐만

요: 당신이 생각하는 것처럼 문제가 그렇게 간단하지 않아요."
"잠깐만 기다려요. **발리오네도** 자존감은 아주 높았다고요."

설교자로서 나는 개인의 정체성에 관한 이 시대의 교조주의를 경계할 필요가 있다. 사람들이 당대에 유행하는 정체성 개념을 싸구려 상품처럼 선전할 때, 책을 많이 읽은 설교자라면 이에 대해 깊이 고민을 하게 될 것이다. 신학자 데이빗 웰스David Wells가 한번은 정체성 개념에 관한 주요 주장들을 쭉 열거한 적이 있다. 자, 나는 누구인가? "내 유전자가 바로 나다. 내 과거가 바로 나다. 내 성적 지향성이 바로 나다. 내 감정이 바로 나다. 내 이미지가 바로 나다. 내 몸이 바로 나다. 내 행동이 바로 나다. 내 소유가 바로 나다. 내가 아는 내가 바로 나다."[13]

이러한 '자기 동일시'의 이면에는 서로 경쟁하고 있는 인류학이 자리하고 있으며, 진지한 그리스도인에게는 그 어느 것도 그다지 좋아 보이지 않을 것이다. 적어도 인간에 대한 기독교적 이해 안에서 그것이 의미 있게 재구성되지 않는 한 말이다.

어떤 경우든, 개인의 정체성, 인간의 행동 동기, 자유와 책임, 하나님에 대한 갈망, 삶의 의미를 설명하는 대다수의 고정관념과 관련해서 나는 내가 가지고 있는 기본적 기독교 신앙을 바탕으로 이런 개념들에 도전을 던져 보고 그 개념의 성격을 제한하고 싶다. 그러한 부분에서 나는 내 독서 프로그램의 도움을 받고 싶은 것이다.

조셉 엡스타인은 또 이렇게 말한다.

문학을 연구함으로써 우리는 알게 된다. 인생이 슬프고, 코믹하고, 영웅적이고, 사악하고, 존엄하고, 우스꽝스럽고, 무한히 즐겁되 이런 일들이 때로는 순차적으로, 또 때로는 한꺼번에 닥치기도 한다는 것을. 그러나 더할 수 없이 괴이하게 재미있는 것은, 한 위대한 사상가가 나타나 자기가 인생을 이해하는 단 하나의 열쇠를 발견했으며 그것을 고약하게 공식화했다고 주장할 때라는 것을.[14]

엡스타인은 지그문트 프로이트를 염두에 두고 이 말을 한다. 프로이트의 "극단적 결정론은, 꼬이기도 하고 돌기도 하고 여러 가지 놀랄 일도 많은 인생의 그 풍성한 복잡다단함에 너무도 불충실해" 보인다는 것이다.[15]

설교자로서 내가 발리오네와 자베르와 테드 윌리엄스와 부리마에 대해 알고 싶은 이유는, 이들이 나를 놀라게 하기 때문이다. 이들은 내가 지닌 단 하나의 관점으로 삶을 내다보며 눈에 보이는 모든 것을 미리 만들어 놓은 범주들 속에 꾸겨 넣으려 하는 것이 얼마나 무자비할 만큼 편협한 짓인지 일깨워 준다. 좋은 작가들은 내가 계속 이런 식으로 꾸겨 넣는 일이 얼마나 희망 없는 짓인지를, 그리고 새로운 발견에 자유가 있다는 것을 깨닫게 해 준다.

그럼에도 불구하고, 좋은 작가들은 인생에 대한 나의 이해를 완전히 혼란스럽게 만들지는 않는다. 좋은 작가들의 작품을 읽은 뒤에도 나는 다양성의 바다 안에서 흔들리지 않는 섬 몇 개를 여전히 보유한다. 살인청부업자 발리오네가 자신의 자제력을 자랑스러워하는 모습으로 나를 놀라게 할 수는 있지만, 나는 그가 자기 눈에 그럴듯한 사람으로 보이고 싶어 한다는 사실에는 놀라지 않는다. 자베르는 장 발장에게 자비를 베풀고 싶다는 충동을 느끼고 이를 두려워하는 모습으로 나를 놀라게 할 수는 있지만, 이는 그 공포조차도 그가 지닌 법률만능주의의 일관성 있는 사례이기 때문이며, 나는 법률만능주의에는 놀라지 않는다. 테드 윌리엄스의 주술에 내가 놀란 것은 타자가 심판의 머릿속에까지 들어가 스트라이크존 설정을 압박할 수 있다는 가능성을 전혀 생각지 못했기 때문이지, 상대를 조종함으로써 우위에 서고자 하는 갈망은 인간 세상 어디에서나 볼 수 있는 것으로서 별로 놀랄 것도 못 된다. 부리 마가 한때 큰 재산을 관리하며 살던 경험으로 아파트 문지기 노릇을 자청하는 모습에는 가슴 찡하고도 놀라운 어떤 통렬함이 있다. 하지만 그녀가 작으나마 결정권을 가질 수 있는 영역을 필요로 했다는 것, 작은 개인왕국을 필요로 했다는 것에 나는 조금도 놀라지 않는다. 그녀가 느낀 그런 필요는 우리 안에 있는 하나님의 형상의 일부로서, 창조 그 자체만큼이나 오래되고 뿌리 깊은 것이기 때문이다.

설교자가 일반 독서를 하면서 느끼는 놀라움은 시리얼에 섞여 있는 건포도와 같다. 그 놀라움은 전혀 놀랍지 않은 소재 속에 숨어 있다. 그리고 이것이 좋은 이유는 독서를 할 때 이해를 쉽게 해주기 때문이다. 독서에서 발견하는 것이 온통 새롭고 신기한 것뿐이라면, 조금도 과장 없이 말하건대 우리는 불안해질 것이다. 우리는 마치 쌍꺼풀수술에 실패한 사람 같을 것이다. 성형외과 의사가 너무 과감하면 그에게 수술받은 환자는 24시간 깜짝 놀라 있는 얼굴을 하고 세상 속으로 돌아가게 될 것이다.

설교자는 일반 독서 프로그램으로 자신의 고정관념이 일부 복잡해지기를, 삶의 신비와 다양성, 삶이 주는 놀라움, 삶에 담긴 밀고 당김으로 감명을 받기를 원한다. 이미 알고 있지 않은 한, 설교자는 그제서야 여느 사람만큼 알게 될 것이다. 인생이 우리를 웃기는 동시에 울리기도 할 때가 얼마나 많은지 말이다.

## 하나님의 다른 이름

하나님과 동행하는 삶과 관련해서도 다를 것은 없다. 개혁주의 신앙을 고백한 그리스도인으로서, 나는 하나님의 신실하심, 하나님의 섭리, 하나님 본성의 불변성을 믿는다. 개혁주의는 광신적 교파가 아니다. 그러므로 하나님의 주권적 신뢰성에 대한 나의 믿음은 20억 명의 다른 모든 그리스도인들과 공유하는 믿음이다. 그런데 이만큼 오래 살면서 폭넓게 독서를 하다 보니, 그리고 월터 브루그만이 하는 말을 자주 듣다 보니, 신뢰성 말고 "하나님의 또 다른 이름은 놀라움"이라는 것을 알게 되었다.[16]

하나님의 섭리와 관련해서 특히 그러한데, 설교자는 독서를 하면서 많은 사례를 만나게 될 것이다. 빅토르 클렘페러Victor

Klemperer 이야기를 생각해 보자.[17] 클렘페러는 제2차 세계대전이 발발할 즈음 독일 드레스덴 대학의 문학교수였다. 문학을 가르치는 것은 그가 원하던 일이었다. 일평생 그는 읽고 쓰기를 좋아했고, 성인이 된 후에는 18세기 프랑스 문학에 관한 최고의 책을 쓰는 것을 줄곧 꿈꿔 왔다. 만일 그랬더라면 그는 교수 휴게실에서 당당하게 고개를 들고 다닐 수 있었을 것이다. 실제로 세계 전역의 대학 사회에 이름을 알릴 수 있을 터였다. 학회에서 자기 저서에 사인을 해주는 행사도 할 수 있었을 것이고, 그것도 정중하게 그리고 짐짓 알아보기 어렵게 할 수 있었을 것이다. 그는 자기 분야의 대가가 될 터였다. 누구든 18세기 프랑스 문학에 대해 이야기하고자 하는 사람은 빅토르 클렘페러에 대해 이야기해야 했을 것이다.

그런데 그때 나치가 세력을 잡고 클렘페러의 삶을 조금씩 조금씩 무너뜨리기 시작했다. 나치는 그의 전화기를 가져갔고, 그 다음에는 그의 차를 가져갔다. 대학에서 그의 강좌 몇 개를 취소시키더니 나중에는 그의 강좌를 아예 없애 버렸다. 나치는 그의 타자기도 가져갔고, 그의 집까지 빼앗아 그 동네 잡화점 주인에게 줘버렸다(그 잡화점 주인은 히틀러를 반대하는 사람이었음에도 불구하고 클렘페러의 집을 갖게 된 것은 좋아했다). 나치는 클렘페러를 이른바 '유대인의 집'으로 이사시켰는데, 그곳은 보통 수용소로 가는 마지막 기착지였다. 그들은 클렘페러가 기르던 고양이도 죽였다. 이유는 당연히 유대인은 애완동물을 기를 수 없기 때문이었다.

나치가 이렇게 모든 것을 강탈해 가는 동안 클렘페러는 이 모두를 일기에 써내려갔다. 그는 자기 삶이 박탈당하는 과정, 그리고 거기 수반된 모욕감에 대해 기록했다. 그는 고난에 대해서, 그리고 고난이 사람에게 어떤 영향을 끼치는지에 대해서 설명했다. 고난이 어떤 사람은 관대하고 남을 불쌍히 여길 줄 아는 사람으로 만들고, 또 어떤 사람은 편협하고 자기 방어적인 인간으로 만든다는 것을 말이다. 1942년 5월, 게슈타포의 공포스러운 가택수색으로 살림살이가 다 부서지고 집안의 노인까지 폭행을 당하고 난 뒤, 클렘페러는 만일 일기장이 발견되었다면 자신은 죽었을 것이라고 기록했다. "하지만 나는 계속 일기를 쓸 것이다.……나는 증언을 할 것이다. 정확한 증언을."[18] 그 자신도 알다시피 그는 감금 생활을 하는 동안 나치의 잔혹성을 보여 주는 큰 역사를 기록하지는 못했다. 하지만 나치가 어떻게 일상 속에서 사람의 존엄을 마지막 한 조각까지 철저히 벗겨 내는지에 대해서는 일기에 기록할 수 있었다.

빅토르 클렘페러는 세계 최고의 18세기 프랑스 문학 해설서를 쓰고 싶어 했었다. 그러나 나치는 그의 삶을 앗아 갔다.

그것을 제외하면, 그들은 가장 중요한 것은 앗아 가지 않았다. 앗아 가지 못했다. 빅토르 클렘페러와 그의 일기는 살아남았고, 이제 전 세계에서 칭송을 받고 있기 때문이다. 빅토르 클렘페러의 일기는 그의 훈장이다. 그가 세상에 알려진 것은 그 일기 덕분이다. 클렘페러는 프랑스 문학에 관한 책으로 영광을 얻을 것이라 생각했지만, 주님께서는 그가 날마다 써내려간 일기가 그의 영광이 되게 하셨다.[19] 클렘페러는 나치가 자신의 삶을 강탈해 가는 것을 막지 못했지만, 한 가지 그가 **할 수 있는** 것이 있었다. 그는 "증언을, 정확한 증언을" 할 수 있었고, 끝까지 할 수 있었다. 그는 진실을 본 증인이었고, 이것이 자신의 영광이 될 줄을 알지 못했다. 그는 하나님을 만난 뒤 빛나는 얼굴로 산에서 내려오는 모세와 닮았다. 모세는 자신의 얼굴이 빛나고 있는 줄을 **몰랐다**는 것만 빼고 말이다.

하나님은 크시고, 하나님은 선하시다. 하지만 하나님은 우리가 알 수 없고 예측 불가능한 분이시기도 하다. 캐슬린 노리스Kathleen Norris는 신앙에 관한 자신의 성찰을 담은 『놀라운 은혜』(Amazing Grace)라는 책에서 바로 이 점에 대해 이야기한다.[20] 출애굽기 3장에서 모세가 불타는 떨기나무가 신기해서 다가가자 그 나무 가운데서 하나님이 그를 부르신다. "모세야, 모세야!" 그리고 모세는 대답했다. "내가 여기 있나이다."

이때 하나님께서는 모세에게 두려운 과제를 주신다. 모세는 바로에게 가서 말해야 한다. 모세가 이스라엘 백성을 해방시킬 것이므로 이제 이 백성들에 대한 바로의 압제는 끝났다고 말이다. 하나님은 "이제 가라"고 말씀하신다. "이제 내가 너를 바로에게 보내노라." 하지만 모세는 하나님께 묻는다. "내가 누구이기에 바로에게 갑니까?" 그러자 하나님은 또 말씀하신다. "내가 반드시 너와 함께 있으리라. 네가 그 백성을 애굽에서 인도하여

낸 후에 너희가 이 산에서 하나님을 섬기리니 이것이 내가 너를 보낸 증거니라."

캐슬린 노리스는 우리의 소명 가운데서 하나님을 알 수 있다고 말한다. 그러나 두려운 사실은, 하나님께서 우리에게 어떤 소명을 주시든, 그것을 다 완수한 후에야 그것이 하나님의 소명이었음을 알게 될 때가 있다는 것이다.[21] 모세는 실제로 이스라엘 백성들과 함께 시내 산 위에 서게 되고서야 비로소 자신을 부르신 분이 정말 하나님이셨음을 알게 될 터였다.

모세는 말한다. "좋습니다. 하지만 백성들은 당신의 이름이 무엇인지 알고 싶어할 것입니다. 너희 조상의 하나님이 나를 보내셨다고 말하면 그들은 이렇게 물을 것입니다. '그분의 이름이 무엇입니까?'라고요."

노리스는 이렇게 말한다. "그 다음 구절은 유대인식 유머, 1940년대 보슈트벨트Borscht Belt(과거 뉴욕 주 북부에 있던 여름 휴양지로 뉴욕의 유대인들에게 인기 있던 휴양지였다—옮긴이)의 연극 무대에서 주고받던 대사 같은 것으로 보일 수도 있다. '당신의 이름이 무엇입니까?'라고 모세가 묻자 하나님은 '나는 스스로 있는 자니라'I am who I am고 대답하신다." 노리스는 이렇게 논평한다. "모세는 이렇게 묻는 게 좋았을 것이다. '글세, 그러니까 그 "나"가 누구냐고요?'"[22]

우리의 설교자는 토마스 아퀴나스가 출애굽기 3:14을 설명하는 책을 읽고서 하나님의 본질과 하나님의 존재, 그리고 그 둘을 똑같은 것으로 만드는 단순성에 관해 지금까지 연구된 가장 세련된 신학을 알 수도 있다. 그러나 한편으로 그는 캐슬린 노리스의 글을 읽으면서 이런 생각을 할 수도 있다. 모세든 누구든 하나님의 본질과 존재에 가까이 다가가기 전에, 신학이 기록되기 전에, 하나님의 자기 계시 앞에서 경외감이 생겨나기 전에, 우리가 먼저 주목해야 할 것은 "나는 스스로 있는 자"라는 말이 처음에는 이름이라기보다 일종의 풍자극 대사로 들린다고 말이다.

하나님은 크시고, 하나님은 선하시다. 하지만 하나님은 우리가 알 수 없고 예측 불가능한 분이시기도 하다. 독서는 설교자가 이 사실을 깨닫도록 도움을 줄 수 있다. 나는 소년 시절 『허클베리 핀의 모험』을 읽으면서 간구 기도의 신비에 처음 눈을 떴다. 그 책 3장에서 헉은 왓슨 부인이 자신에게 기도를 가르쳐 주면서, 무엇이든 구하면 다 얻게 될 것이라 약속했다고 말한다.

"하지만 그건 사실이 아니었다"고 헉은 말한다.

나는 시험을 해보았다. 낚싯줄을 하나 구했는데 낚싯바늘이 없었다. 바늘 없는 낚싯줄은 아무 소용도 없다. 그래서 낚싯바늘을 달라고 서너 번 기도했는데 무슨 까닭인지 아무 효과가 없었다. 그러던 어느 날 왓슨 부인에게 나 대신 기도를 좀 해달라고 했더니 나더러 바보라고 했다. 왓슨 부인은 내가 왜 바보인지 이유는 말해 주지 않았고, 나는 도통 무슨 영문인지 알 수가 없었다.[23]

하나님은 추측이 불가능한 분이다. 우리는 성경 자체에서 볼 수 있는, 가공되지 않은 다양한 하나님 이미지에 근거하여 하나님을 말할 수 있다. 클라이드 홀브룩Clyde Holbrook(미국의 신학자·철학자. 조나단 에드워즈 연구의 권위자였다—옮긴이)은 『우상을 파괴하시는 하나님』(The Iconoclastic Deity)이라는 저서에서,[24] 성경의 하나님은 표범, 독수리, 곰일 뿐만 아니라 좀moth이기도 하며, 산성, 등불, 반석일 뿐만 아니라 썩음rot이기도 하다고 말한다. 성경이 하나님을 왕, 심판자, 목자, 주인, 아버지, 어머니로 그리고 있다는 것은 누구나 다 안다. 그러나 성경은 하나님을 활 쏘는 자, 포도주 만드는 자, 파수꾼, 이발사, 피리 부는 사람으로도 그리고 있다. 성경에서 볼 수 있는 하나님 이미지가 인간의 추론만이 아니라 하나님의 자기 계시를 나타내고 있다고 생각하는 우리가 보기에, 위와 같은 이미지들에서는 하나님의 놀라운 자기 풍자의 기미마저 느껴진다.

### 성육신의 통렬함

예수님 또한 우리가 알 수 있는 분이기도 하고 알기 힘든 분이기도 하며, 확실한 분이기도 하고 예측 불가능한 분이기도 하다. 우리 설교자가 하나님에게서 예측 불가능성을 찾아내는 습관을 일단 갖게 되면, 성자에게도 똑같은 성질이 있음을 알아차리게 될 것이다. 가끔 복음서 자체가 신성과 인성이 함께한다는 것은 존재하기 어려운 조합임을 암시함으로써, 성육신은 있을 법하지 않은 사건이라는 것을 약간은 보여 주기도 한다.

어느 날 사람들이 앞 못 보는 사람을 예수님께 데려와 그를 고쳐 주시기를 청한다(막 8:22-26). 예수님은 신적 권능을 갖고 계시기에 이런 요청 앞에 뒷걸음치지 않으신다. 예수님에게는 하나님의 사랑이 있고, 그 사랑이 늘 관대한 마음으로까지 이어지기에 그분은 치유의 일을 **하고자** 하신다. 예수님은 맹인의 손을 잡고(얼마나 다정하신지!) 마을 밖으로 데려가신다. 그리고 역사를 시작하신다. 마가는 예수께서 이 남자의 눈에 침을 뱉으셨다고 분명히 말한다. 바로 앞 장인 마가복음 7장에서도 예수께서 손가락에 침을 뱉으사 말 못하는 사람의 혀에 대신 이야기가 나온다. 예수님은 손가락에 묻은 침을 그 남자의 혀에 대셨다.

우리 인간은 앞 못 보는 사람이나 말 못하는 사람에게 많은 일을 해줄 수 없다. 예수님은 하나님이시기에 많은 것을 해주실 수 있다. 그런데 예수님이 이렇게 침을 뱉으시는 것은 그분이 1세기의 노동자 계층이시기 때문이다. 그 사랑은 얼마나 친숙하고 그 과정은 얼마나 기이한가. 우리는 예수님을 알 수 있을 것 같지만, 그분은 알기 힘든 분이다.

그리고 이 이야기에는 더욱 놀라운 반전이 있다. 예수께서는 이 눈먼 사람에게 안수하시고 간단한 질문을 하나 하신다. "무엇이 보이느냐?"

"무엇이 보이느냐?" 하나님의 아들의 치유하시는 손길에 담긴 하늘의 모든 권세와 사랑이 보인다. 아주 인간적인 손길을 지니신 그분이 성육신하신 하나님의 아들이라는 사실만 빼고 말이다. 그분은 자신이 앞 못 보는 것을 고쳐 주었다고 **생각**하셨지만, 결과를 확실히 하기 위해 이런 아이 같은 질문을 하신다. 효과가 있었나? 내가 해냈는가? "무엇이 보이느냐?"

뚜렷이 보이지는 않는다고 그 눈먼 사람은 말한다. 사람들이 보입니다. 좋아요. 그런데 "나무 같은 것들이 걸어가는 것 같습니다." 그러자 예수님, 곧 우리와 운명을 같이하시기 위해 자기 자신을 비우신 그분께서 주저 없이 그 눈먼 사람에게 두 번째로 나아가신다. 이중의 시도 끝에 치유는 효과를 낸다. 맹인은 앞을 보게 되고 모든 것을 환히 보게 된다.

나는 이것이 성경에서 예수님과 관련된 가장 감동적인 이야기 가운데 하나라고 생각한다. 이 이야기는 성육신으로 하나님과 인간이 서로 결합된 그 접합 부분에서 '형이상학적 누출'이 일어나는 것을 뚜렷이 드러내 보인다. 이 이야기는 지극히 통렬하고 사실을 지극히 뚜렷하게 드러내 보여 주기 때문에, 신적 존재 곧 영원하신 하나님의 아들께서 실제로 육신을 입으실 때 거기에 어떤 요소가 포함되는지 우리는 감히 짐작조차 할 수 없다.

앞 못 보는 상태에 관해 하나님은 무언가를 하실 수 있다. 앞 못 보는 상태에 관해 인간은 아무것도 할 수 없다. 앞 못 보는 상태가 문제될 때, 성육신하신 하나님의 아들은 그 상태를 해결하실 수 있다. 그러나 이는 매우 까다로운 일이기에, 그분은 간절히 바라는 마음 반, 미심쩍어 하는 마음 반으로 물으신다. "무엇이 보이느냐?"

고故 도널드 쥬얼Donald Juel은 프린스턴 신학교에서 뛰어난 실력으로 신약학을 가르치던 교수로, 설교 가능한 성경 본문에 접근할 때는 항상 의문법으로 다가가라고 학생들에게 가르치곤 했다. 생각나는 것은 모두 본문 말씀에게 물으라는 것이다. 이 본문에서 화자의 목소리 톤은 어땠는지 등을 포함해서 말이다. 예를 들어 예수님은 어떤 톤으로 "무엇이 보이느냐?"고 물으셨을까? 혹은 마가복음 7장에서 예수께서 수로보니게 여인에게 말씀하시는 광경을 상상해 보자. "자녀의 떡을 취하여 개들에게 던짐이 마땅치 아니하니라"(27절). 예수님은 그 가여운 여인에게 어떤 식으로 이 가혹한 말씀을 하셨을까? 아는 사람만 아는 농담임을 알리는 그런 어투로 말씀하지 않으셨을까? 마가복음 15장에서 예수님께서 큰 소리를 지르고 돌아가시는 것을 본 로마 백부장을 생각해 보자. 그는 "이 사람은 진실로 하나님의 아들이었도다"(39절)라고 말하는데, 이 말은 마가복음을 앞뒤로 떠받쳐 주는 기둥 가운데 하나다. 그런데 백부장은 이 말을 어떤 톤으로 했을까? 놀라움과 사랑으로 넋을 잃고 찬양하는 어조로? 아니면 여전히 조롱하는 투로?

마가복음 15장의 백부장은 사람이 생각해 낼 수 있는 가장 효과적인 방법, 곧 십자가형이라는 방법으로 예수님을 능욕했다. 이는 결국 예수님의 목숨을 앗아 갔지만, 그 전에 예수님의 존엄을 먼저 앗아 갔다. 종국에 예수께서는 큰 소리로 부르짖으시다가 결국 돌아가신다. 그분의 빛이 꺼진다. 백부장은 백전노장의 시선으로 그 광경을 지켜보면서 혼자 낄낄거리지는 않았을까? "맞아, 이 사람은 틀림없는 하나님의 아들이었어. 지금은 죽은 아들이라는 것만 빼면 말이야."

## 경계를 다시 정하다

"소설의 정신은 복잡함의 정신"이라고 밀란 쿤데라는 말한다. "소설가는 독자에게 말한다. '당신이 생각하는 것처럼 일이 간단하지는 않다'고 말이다." 설교자에게는 메시지가 있어야 한다. 고지식한 설교는 일종의 배임 행위이기 때문이다. 지혜로운 설교자는 독서 프로그램에 의지하여 삶의 다양성뿐만 아니라 삶의 경이에 대해서까지 더욱 지혜로운 사람이 되어 간다. 순진함은 흔히 무지의 산물이지만, 경이로움은 **상상력**의 산물이다.

론 핸슨Ron Hansen은 소설 『황홀경의 마리에트』(*Mariette in Ecstasy*)에서 마리에트 뱁티스트 이야기를 들려준다. 마리에트는 아름답고 신앙 좋은 여성으로, 수녀 후보자로 '십자가의 자매회' 수도원에 들어간다. 소설의 무대는 1906년 뉴욕 주 북부다. 수도원에서는 모든 것이 질서정연하다. 한 자매가 양초를 만들면 또 한 자매는 포도주를 만든다. 한 자매는 정원을 가꾸고, 한 자매는 우유를 짠다. 각 사람에게는 명확한 책임이 있고, 모두 수녀원장에게 순종해야 한다.

하루 일과는 정확히 새벽 두 시, 침묵 속의 "첫 기상"으로 시작되며, 이후 매시간 성경 암송, 묵상, 개인기도, 식사, 노동, 성무일과聖務日課 등이 쉴 새 없이 이어진다. 이들은 자기 침대에서만, 그리고 밤에만 잠을 잘 수 있다. 잠잘 때가 아니면 침대에 앉아 있어도 안 되고 침대에 엎드려 울어서도 안 되며 침대 위에서 기도를 해서도 안 된다. 침대는 오직 취침용이다.

이런 엄격한 생활 속에서 마리에트는 정신을 산만하게 하는 존재다. 그녀는 신참이다, 젊고 눈부시게 아름다우니 말이다. 또한 의사인 그녀 아버지의 말에 따르면 그녀는 "무아지경, 환각, 비정상적인 경건, 극단을 오가는 감정 기복, 그리고 '가슴이 미어질 듯한 내적 고통' 상태"에 곧잘 빠져들곤 한다.[25] 어느 날 그녀가 손과 발과 옆구리에서, 눈에 확연히 보이는 성흔聖痕에서 피를 흘리기 시작하자 수도원은 난리가 난다. 마리에트는 이것이 "은사"라고 조곤조곤 설명하지만, 수도원 사람들 절반 정도는 그녀가 일부러 자기 몸에 상처를 낸 것이라고, 그 상처는 마귀의 표라고, 혹은 마리에트가 히스테리를 부린 결과라고 생각한다.

이 책을 읽는 설교자가 새롭게 알게 되는 사실은, 은사를 받은 사람은 언제든 곤혹스러운 시선을 받으며, 때로 주목받고 싶어 한다는 비난을 받기도 한다는 것이다. 그러나 이 작품을 구성하는 또 하나의 맥락이 있다. 작가는 마리에트가 아버지에게 성적으로 학대당해 왔다는 암시를 주고, 독자는 작품 속에 흩어져 있는 점들을 하나하나 연결해 가며 궁금해하기 시작한다. 성적 학대의 피해자가 현실에서 도피해 나갈 수 있는 대안적 현실을 창조하는 것은 아닌가? 마리에트의 경우 성흔을 날조하는 것이 바로 그것 아닌가? 아니, 때로 하나님께서 성적 학대의 피해자에게 대안적 현실을 **허락**하셔서서 도피할 수 있게 하시는데, 마리에트에게도 그렇게 해주신 것은 아닐까?[26]

마리에트의 성흔이 신빙성 있는 것인지를 다루는 핸슨의 모호한 태도가 하도 교묘하기 때문에, 독자는 그것이 진짜일 수도 있고 가짜일 수도 있는 철저히 모순된 상태 속에 버려진다. 소설을 다 읽고 나서도 그 의문은 해결되지 않는다. 설교자에게 이 모순은 선물이자 부르심이다. 기적 이야기는 사실이다 아니다를 판단하기 어렵다는 말을 들어 보았을 것이다. "주님께서 내게 말씀하시기를……"이라고 시작되는 간증을 들으며 어떻게 반응해야 할지 몰라 곤혹스러웠던 경험도 있을 것이다. 성경 자체도 꿈, 이상, 기적, 천사의 방문, 그리고 하나님께서 친히 말씀하시는 사례들로 가득하다.

한편, 다른 모든 사람들과 마찬가지로 설교자는 과학자들이 설명해 줄 수 있고 예측해 줄 수 있는 세상에 살고 있다. 과학자는 오늘 해가 몇 시에 뜰지 미리 알며, 의미 있는 모든 현상에 대해 조리 있게 설명을 해준다. 그래서 다른 모든 사람들과 마찬가지로 설교자의 세상 인식은 차츰 평이해지고, 기대 또한 그 인식에 길들여져 단조로워진다. 심지어 설교자가 속한 교단의 출판국에서도 예수께서 "5,000명을 먹이신 기적"을 "관대함의 기적"이라는 무리 없는 표현을 사용해 설명한다. 아마도 모인 사람이 족히 5,000명은 됐는데 다들 먹을 것을 가지고 왔고, 그 양이 5,000명 모두 먹을 수 있을 만큼 많았으며, 또 이들이 기꺼이 나누어 먹을 생각을 했다는 의미인 듯하다!

설교자에게는 때때로 핸슨 같은 사람이 있어야 한다. 어디까지가 사실이고 어디서부터가 사실이 아닌지에 대한 인식을 뒤흔들어 놓고, 세상에 임한 하나님의 전능한 손길에 대해 온통 궁금증을 품게 만드는 그런 사람 말이다. 성경은 초자연적인 하나님께서 행하신 창조와 구속의 초자연적 이야기가 담긴 초자연적 책이다. 초자연적 이해와 기대가 없는 설교자는 실망스러울 만큼 맥빠진 하나님에 관한 쩨쩨한 복음을 설교하는 데 그칠 것이다.

비신앙적 소설도 설교자가 자기 세계관의 긴장을 풀고 기이한 경이의 대상을 그 세계관 안에 받아들일 수 있도록 도움을 줄수 있다. 특히 판타지 문학이나 공상과학소설이 이런 경우에 해당되는데, 이는 젊은 사람들과 호흡을 함께하는 데 도움이 된다. C. S. 루이스와 J. R. R. 톨킨이라는 이름이 남녀노소 누구에게나 친숙한 주된 이유는, 이들의 판타지 소설이 우리네 청소년들의 관심을 사로잡기 때문이다. 1997년부터 2007년까지 J. K. 롤링은 해리 포터라는 어린 마법사가 등장하는 소설 일곱 권을 발표했고, 이 책들은 전 세계에 열풍을 일으키며 수많은 사람에게 영감을 주었다. 출판계 종사자들은 중학생들이 그 호흡 긴 책을 갖고 다니며 읽고, 롤링의 작품에 열중하려고 때로는 좋아하는 다른 활동까지 뒤로 미루는 것을 보고 크게 놀랐다. 이런 일이 벌어진 한 가지 이유는, 롤링이 판타지 세계의 매력을 알았기 때문이다. 지금까지 그 누구도 상상하지 못했던 일이 벌어지는 그런 세계 말이다.

『화씨 451』(*Fahrenheit 451*)의 작가 레이 브래드버리[Ray Bradbury]는 훌륭한 단편을 여러 권 썼다. 사람들은 그의 일부 작품을 일컬어 공상과학소설이라고 하지만, 브래드버리 자신은 그 작품들을 판타지라 부르고 싶어 한다. 사실 일부 작품들에서는 어떤 불가사의한 느낌이 들기도 한다. 우리는 이런 불가사의한 느낌을 흔히 하나님의 압도적 타자성他者性에 대한 인식, 그 앞에 서면 온몸을 떨며 움츠릴 수밖에 없는 하나님의 엄위와 장엄함에 대한 인식으로 생각한다. 하지만 브래드버리의 작품들에는 피조물과 관련된 불가사의한 느낌도 있는데, 이는 우리가 생각하는 것처럼 그리 단순하지가 않다.

「무적」(*The Fog Horn*)이라는 유명한 작품을 보자.[27] 11월의 어느 추운 날 저녁, 두 남자가 등대 안에 몸을 움츠리고 있다. 밖에 짙은 안개가 무겁게 내리덮여 있는지라 두 사람은 15초마다 한 번씩 무적霧笛을 울려 주고 있다. 두 사람은 바다의 신비, 바다에 울려 퍼지는 무적 소리의 신비에 대해 이야기를 나눈다. 무적 소리가 너무 쓸쓸하게 들려, "누구든 이 소리를 들으면 영혼으로 흐느낄 것"이라고, 왜냐하면 이 소리를 들은 이들은 이제 "영원의 슬픔과 인생의 덧없음을" 알기 때문이라고 말이다.

두 사람이 이야기를 나누고 있을 때, 등대 불빛이 비치는 바다 밑에서 한 짐승이 머리를 내민다. 이어서 짐승의 목이 드러나고, 조금씩 조금씩 수면 위로 드러난 목은 12m 길이가 되어 거의 등대 높이에 이르고, 커다란 등잔 같은 두 눈이 등대 꼭대기를 향하면서 등대의 불빛을 되받아 비추기 시작한다. 불빛을 반사하며 번쩍이는 괴물의 눈은 둥근 발신기가 되어 "태고 시대의 부호로 메시지를 보낸다."

공룡은 수백만 년 전에 사멸했다. 그런데 여기 공룡 한 마리가 심해에 고립되어 있다가 솟아오르고 있다. 불빛이 보이고 무적 소리가 들리는 곳으로 솟아오르고 있다. 녀석은 등대를 잃어버린 자신의 사랑으로 인식하는 것 같다. 12m 길이의 목과 빛나는 눈을 가진, 그리고 애절하게 소리 내어 부르는 등대를.

무적이 울었고 괴물은 대답했다. [녀석의] 울부짖음은 백만 년 세월의 바다와 안개 건너편에서 들려왔다. 너무도 비통하고 고독한 울부짖음이라 [두 사람은] 온몸이 오싹했다. 무적이 울었다. 괴물은 또 대답했다. 무적이 울었다. 괴물은 거대한 이빨이 다 보이도록 입을 벌렸고 그 입에서 나오는 소리는 무적 소리 그 자체였다. 외롭고, 광대하고, 저 멀리서 들려오는.

"그것은 [집으로] 돌아오라고 부르는 등대의 음성을 백만 년 동안 기다렸던 자의 소리였다."[28]

브래드버리의 작품을 읽은 설교자는 성경에 "바다 괴물"이 등장할 때마다 과연 그 괴물이 "외롭고, 광대하고, 저 멀리서 들려오는" 그런 소리로 울부짖는 괴물인지 궁금해질 것이다. 다시 말하거니와, 설교자의 독서 프로그램은 설교자의 내면에 여러 가지 문을 열어 준다. 자신에게 그런 문이 있었는지 설교자 자신도 몰랐던 문을.

# {6장} 죄와 은혜에 대한 지혜

설교자가 매주 강단에서 책임감 있게 설교하기 위해서는 박식한 사람이 될 필요가 있다. 세상에서 가장 엄청난 주제들, 예를 들어 우주가 그리스도인에게 어떻게 보이는지, 인간이란 대체 어떤 존재인지, 인간이 어떤 곤경에 처해 있는지, 하나님께서 예수 그리스도 안에서 그 곤경에 어떻게 은혜를 부어 주시는지, 그 결과 우리가 사는 세상은 앞으로 어떻게 될 것인지 등을 포함해, 그 외 많은 것들에 대해 청중들이 귀 기울여 들을 만한 가치가 있는 어떤 이야기를 가지고 있어야 한다. 다행히 설교자에게는 우리 그리스도인들의 책인 성경이 있고, 이 책에서 위와 같은 이야기를 길어 올릴 수 있다. 성경은 놀라운 책이다. 다만 성경은 여러 가지 문제를 복합적으로 다루고 있는 고대 문헌이기에 설교자는 성경을 발판으로 이제 자신이 처한 특정 정황으로 건너와서, 수많은 문제들이 복잡하게 뒤얽혀 있는 그 만만찮은 상황 속에서 청중들이 바로 자리잡을 수 있게 해주어야 한다.

이 모든 일에 달라붙어 씨름하려면 설교자가 약간은 미쳐야 한다. 아니면, 사도 바울처럼 부활하신 주님을 뵐 필요가 있다. 어느 경우든, 일단 이 일에 착수한 설교자는 신중한 속도로 지혜를 쌓아 나가야 할 것이다.

물론 우리가 설교자에게 원하는 것이 지혜만은 아니다. 우리는 설교자에게 진실함도 기대하고 정의에 대한 갈망도 기대한다. 경건하되 답답하지 않은 태도, 성경에 대한 사랑, 타인이 관여된 문제에서 상대에게 민감하게 감정이입하는 모습 등을 설교자에게서 보고 싶어 한다. 성실한 기도생활, 하나님 나라에 대한 다각적인 시각도 필수요소다. 다시 말해, 설교자는 어느 평온한 날의 사도 바울 같은 사람이어야 한다.

한 가지 더 있다. 생생한 유머 감각 또한 설교자가 갖추어야 할 또 하나의 표준적 소양이다. 유머 감각은 사회 지능social intelligence이 건강하게 표출되는 것으로, 설교 안에서 마치 누룩처럼 부풀며 설교의 재미를 더해 준다. 나는 미시간 서부의 칼빈주의자들 가운데서 자라났다. 이들은 아주 확고하고 단호한 사람들이다. 하지만 우리는 북유럽 계통의 칼빈주의자들이었고 격식을 중시하는 예배를 드렸기 때문에, 설교자가 강단에서 유머를 구사하는 경우가 드물기도 했고 어쩌다 나오는 유머도 의도적인 것은 아니었다. 우리가 설교자에게 기대할 수 있는 것은 이따금씩의 두음頭音 전환이 고작이었다(예를 들어 "백성들은 '번둥'과 '천개'가 치는 것을 바라보고 두려워 떨었습니다." 아니, 아홉 살 아이에게 이 뜻밖의 사태는 "사탄의 불화살"에 예배가 엉망이 되는 것이었다). 내가 어렸을 때 우리 목사님이 한번은 "이번에는 맨 먼저 온 품꾼이 품삯을 탈 차례였습니다"라고 말하려다 실제로는 "이번에는 맨 먼저 온 품꾼이 품삯을 찰 타례였습니다"라고 말했다. 그렇게 말해도 우리 교인들은 무슨 말인지 대개 다 알아들었다.

내 어린 시절의 목사님들은 정직하고 경건한 분들이었다. 하지만 그분들은 강단에서 작정하고 유머를 구사하는 것은 정직의 면에서나 경건의 면에서나 적절치 못한 행동이라 여기셨다. 강단에서 의도적으로 유머를 구사한다는 것은 예의 바르지 못한 행동이요 온당치 못한 행동이었다. 그분들이 주일 아침에 해야 할 일은 따로 있었다. 개혁주의 교리를 설교해야 했다. 영원한 구원을 확실히 해두어야 했다. 아브라함 카이퍼Abraham Kuyper가 보는 하나님 나라를 교인들에게 이해시켜야 했다. 이 모든 것을 그분들은 지독할 만큼 열심히 해냈다. 그리고 여기에는 한 가지 큰 유익이 있었다. 즉, 내 어린 시절의 목사님들은 죄와 은혜에 관한 한 절대 타협이 없었다. 하나님의 은혜가 그분들을 압도했던 것은 오로지 그분들이 죄의 파괴적 결과를 알았고 그것을 설교했기 때문이었다.

이런 국면에는 많은 변화가 있어 왔다. 이에 대해서는 좀 더 자세히 이야기하게 될 것이다.

요즘에는 설교자에게 유머 감각을 원하는 사람들이 많다. 이 왕이면 많이 엉뚱하지 않은 그런 유머 감각. 예를 들어 청중들은 부활절 주간의 설교에서는 유머를 원하지 않는다. 그리고 청중들을 즐겁게 해주려고 설교자가 무리하는 것도 원하지 않는다. 설교 중간에 설교자가 "자, 여러분, 농담이 아닙니다"라고 말하면 청중들은 곧이어 우스운 이야기가 나올 것으로 기대한다. 그러나 웃음이 터지지 않는다 해도, 왜 웃었어야 하는지 설교자가 설명해 주는 것은 원하지 않는다. 어느 경우든, 우리는 늘 설교자의 웃음에 친절과 이해의 차원이 담겨 있기를 원한다.

나는 이런 종류의 후한 웃음이 오늘날 거의 예언자의 말과 같은 역할을 한다고 믿는다. 공개적인 웃음에는 대개 날이 서 있다. 선거 유세를 다니는 정치인의 우스갯말은 상대 후보에 대한 조소를 야기시킨다. 그 우스갯말의 원래 의도도 바로 그것이다. 라디오 토크쇼 사회자는 조롱으로, 고위 직분자뿐만 아니라 사람들을 조롱하는 말로 먹고산다. TV 리얼리티 프로그램에도 흔히 상대를 얕보고 웃음거리로 삼는 부분이 있다.

### 죄와 수치에 대한 지혜

중학생들이 친구를 왕따시키는 것에 대해서도 생각해 보자. 이런 따돌림에는 대개 조롱이 뒤따른다. 사람에게 상처를 입히는 왕따 행위의 상당 부분이 오늘날에는 인터넷상에서 이루어진다. 열세 살 소녀를 과녁으로 하는 조롱 행위가 이제는 반 공개적 모욕 행위가 되고 있다. 본인이 그 모욕적인 글을 읽고 기분 나쁜 것만으로도 모자라 같은 반 친구들과 사촌들, 그리고 이웃집 아이들까지 그 글을 읽고 소녀를 다른 시선으로 보기 시작한다. 인터넷을 통한 왕따 행위는 한 어린 영혼에게 부모의 사랑으로도 회복이 안되는 상처를 입힐 수 있다.

나는 이 문제와 관련하여 서머싯 몸Somerset Maugham의 작품에 나오는 한 구절을 자주 떠올린다. 『인간의 굴레』(Of Human Bondage)라는 소설의 도입부, 아홉 살 소년 필립 케어리는 터캔베리의 킹스 스쿨에 입학한다. 그러나 그는 학교가 고통스러운 곳임을 곧 깨닫는다. 필립은 발이 기형인데, 옛날에는 그런 기형을 가리켜 만곡족clubfoot이라고 했다. 뭐라고 부르든, 필립의 특이한 발은 남자아이들의 흥미를 끌고, 아이들은 필립의 걸음걸이를 흉내낸다. 등교 이틀째, 어떤 아이들이 쉬는 시간에 필립을 '잡기놀이'에 끌어들인다. 술래가 운동장 한가운데 있고 나머지 아이들은 둥글게 모여 서 있다가 술래를 피해 건너편으로 날쌔게 돌진한다. 술래가 한 아이라도 잡으면 잡힌 아이가 술래가 되어 게임이 새로 시작된다.

아이들은 처음부터 필립을 술래로 삼는다. 필립에게 그것은 재앙이다. 그는 한 아이도 잡지 못한다. 아무리 필사적으로 애를 써도 필립의 발은 이런 게임에서는 쓸모 있게 움직여 주지 않는다. 설상가상으로, 필립이 용을 쓰는 것을 지켜본 같은 반 아이가 아주 번뜩이는 아이디어 하나를 떠올린다. 아이는 어색하게 기우

뚱거리는 빠른 걸음걸이로 필립을 제법 똑같이 흉내내며 쿵쿵 운
동장을 가로질러 가면서 필립을 조롱하는 동시에 그를 피해간다.
이 광경을 보고 다른 아이들도 흥분하기 시작한다. 모든 아이들
이 일제히 절뚝거리는 걸음걸이로 필립을 지나가며 야유한다. 아
이들은 "새된 소리로 괴성을 지르며" 한 발을 질질 끌다가 또 한
발을 끈다.[1]

그날 밤, 기숙사에서 싱거라는 아이가 필립에게 다가와 한 가
지 요구를 한다. "저기 말야, 네 발 한번 보자." 필립이 안 된다고
하며 침대에 뛰어올라 이불로 다리를 둘둘 말자 싱거가 다른 아
이를 부르고, 두 아이가 한꺼번에 필립에게 달려들어 팔을 붙잡
고 비튼다. 그리고 또 한번 요구한다. "순순히 발을 보여 주지 그
래?"[2] 세 번째 아이가 나타나 힘을 보태고, 겁에 질린 필립은 결
국 이불 밑에서 한쪽 발을 빼낸다. 그러자 세 아이는 필립의 발을
한참 들여다보고는 참 이상하게 생겼다고, 꼭 "짐승" 발 같다고
한마디 한다. 싱거는 손가락 끝을 필립의 발에 갖다 대고는 그 기
형적 곡선을 따라 쭉 훑는다. 필립의 몸 일부가 아니라 무슨 물건
을 대하는 듯하다.

그때 뜻밖에 교장 선생님이 나타나자 아이들은 허둥지둥 자
기 침대로 돌아가고, 필립은 소용돌이치는 심경을 억제하느라 베
개에 얼굴을 파묻고 이를 악문다. 서머싯 몸은 이렇게 말한다.
"그가 우는 것은 아이들이 초래한 고통 때문도 아니었고 아이들
이 그의 발을 들여다볼 때 느꼈던 수치 때문도 아니었다. 그는 자

기 자신에 대한 분노로 울었다. 고문을 견디지 못하고 스스로 발을 꺼내어 보여준 자기 자신에 대한 분노."[3]

필립 케어리는 자기 발도 창피했지만, 그 발을 남에게 보여준 것은 더욱 창피했다. 아홉 살밖에 안 되지만 한 인간으로서 그 아이의 인격은 이미 속이 들어차 있었다. 자신을 굴욕스럽게 하는 상황에 동참함으로써 자신의 존엄 그 마지막 한 자락을 스스로 걷어차 버린 것임을 알 정도로.

서머싯 몸을 읽는 설교자는 죄에 대해, 특히 남을 조롱하는 죄에 대해 지혜를 얻을 수 있다. 예를 들어, 어린아이들이 소름 끼칠 만큼 잔혹해질 수 있다는 것을 더욱 확실히 알게 된다. 아이들은 어디에서 그런 잔혹함을 배울까? 주변의 불량한 아이들, 아마도 상급생들을 보고 흉내내는 것일까? 아니면, 하이델베르크 요리문답에서 말하는 것처럼 그저 "죄인으로 태어났고, 잉태될 때부터 부패"했기 때문인가?[4] 혹은 요람에서는 전적 부패에 미치지 않았으나, 죄를 지향하는 성향이 잠재되어 있다가 환경 요인이나 정서적 요인의 자극을 받아 발현되는 것일까? 나이 어린 사람은 이런 자극에 저항할 만한 도덕적 힘을 얼마나 가지고 있는가? 그리고 이때 자유의지는 어떤 역할을 하게 되는가? 아니, 그의 의지가 실제 자유롭기는 한가? 자유롭지 않다면 아이들의 잔혹성에 대해 어떻게 그들을 비난할 수 있는가?

설교자인 여러분은 아마 교회 역사 속에서 명석한 신학자들이 의지의 속박 그 내부에서 도덕적 책임의 문제를 발견해 냈고,

또 분명 그에 대해 책을 썼을 것이라고 생각할 것이다.

지혜로운 설교자는 이 문제가 이 시대에는 어떤 모습으로 나타나는지 잘 알 것이다. 갖가지 기사·평론·칼럼·리뷰 등을 볼 수 있는 훌륭한 인터넷 자료실 Arts & Letters Daily를 읽거나 「뉴욕 리뷰 오브 북스」(*New York Review of Books*)를 읽는 설교자는, 인지認知 신경과학자들이 펠라기우스와 아우구스티누스 사이에 벌어졌던 논쟁을 사골국 우려내듯 우려내고 있다는 것을 알게 될 것이다. 이 논쟁의 원자료가 이제는 인간 두뇌의 진화에 관한 경쟁적 주장들에서 온다는 것만 빼고 말이다. 인간의 어떤 나쁜 행동이 한때 생존가치가 있었다면, 혹은 한때 생존가치가 있었다고 여겨진다면, 그래서 이 사실에서 인간의 자유와 책임에 관한 어떤 결론이 도출된다면 어떻겠는가?

서머싯 몸을 읽는 설교자는 어린아이의 죄, 원죄, 죄의 까다로운 신비에 대해서 깊이 생각한다. 라인홀드 니부어가 집단으로 죄를 짓는 사람들에 관해 말하곤 했던 것에 대해서, 혼자서라면 꿈도 못 꾸었을 죄를 어떻게 여럿이서는 저지를 수 있는지에 대해서 말이다.[5] 집단에 대한 충성과 지도자의 말을 거역하는 데 대한 두려움 때문에 어떻게 괜찮은 사람들마저 잔혹 행위를 거부하지 못하게 되는지 말이다. 그날 기숙사 아이들 중 싱거를 필립의 침대에서 밀어내면서 신입생을 괴롭히지 말라고 한마디 할 수 있는 배짱을 지닌 아이 누구였던가? 독일이 범죄자들의 수중에 들어갔을 때 그 범죄자 집단과 우두머리에 맞설 담력을 지닌 사람이 있었는가? 그리고 그 사람에게는 어떤 일이 일어났는가?

서머싯 몸을 읽는 설교자는 어린아이들의 죄와 집단의 잔혹성에 대해 생각한다. 어쩌면 웃음에 대해서도 약간의 지혜를 얻을 수 있다. 언젠가 책에서 읽었던 것(단테였던가, 아니 밀턴?)을 떠올릴 수도 있다. 즉, 웃음은 어떤 상황에서 웃는 웃음이냐에 따라 색깔이 달라지며, 그래서 천국의 웃음이 있는 것처럼 지옥의 웃음도 있다는 것을 말이다. 천국의 웃음은 온통 기쁨과 환호뿐이고 그 안에 유쾌함과 명랑함이 있지만, 지옥의 웃음은 온통 고함과 조소, 야유뿐이다. 천국에서는 아침 별들이 함께 노래 부르고 하나님의 모든 자녀들이 기쁨으로 함성을 지른다. 지옥에서는 이들이 나의 수치스러운 모습을 집어내어 그것을 가리킨다. 그리고 그것을 흉내낸다. 그러고는 모두 "새된 소리로 괴성을 지른다."

킹스 스쿨에서 필립 케어리가 겪는 일들을 이야기하면서 서머싯 몸은 어린아이들에게서 볼 수 있는 오래된 죄에 대해, 집단의 잔인성에 대해, 지옥의 웃음에 대해 우리 설교자들에게 이야기해 준다. **이 모든 것이 소설의 한 구절에 다 담겨 있다.** 그리고 운동장과 기숙사 침실 장면에는 또 하나의 강력한 흐름이 존재한다. 그것은 바로 **수치심**이다. 수치심은 가장 심오하고 가장 강한 영향력을 지닌 인간 정서 가운데 하나다. 인간의 수치심은 자신의 결함, 기형, 어리석은 언행, 특히 이런 것들을 숨기려고 바보 같은 짓을 저지를 때 우리가 느끼는 비통한 느낌이다. 또한 이는 단순한 프라이버시를 덮어 가리려 할 때 느끼는 비통한 느낌이기도 하다. 수치심의 핵심에는 남에게 노출되었다고 하는 고통스러운 인식이 자리잡고 있다. 초라하고 약점 많은 자아, 어리석거나 죄가 있거나 촌스럽거나 멍청하거나 뚱뚱하거나 혹은 그저 사적인 자아가 타인의 시선 앞에서, 그리고 더 결정적으로 자신의 시선 앞에서 덮개가 벗겨지고, 그 결과 우리는 그 자리에서 도망쳐 숨고 싶고 이불을 끌어당겨 덮고 싶어진다. 최악의 경우, 죽고 싶어질 수도 있다. 산이 내 위로 무너지고 언덕이 내 위로 내리덮였으면 하고 바란다. 특히 필립 케어리의 경우처럼 수치심이 여러 가지 근원에서 솟구쳐 오르는 경우가 아마 이에 해당할 것이다. 필립은 또래 무리에게 거부당하는 현실, 남과 다른 모습이 노출된 것, 거기에 죄의식까지, 이 모든 것이 외모의 기형으로 인한 의기소침함 위에 켜켜이 쌓여 있다.

킹스 스쿨에서의 필립 케어리 이야기가 설교자의 영혼에 깊이 자리를 잡는 것은, 단순히 서머싯 몸이 어린아이들의 죄와 집단의 죄, 지옥의 웃음, 약한 자의 수치심을 잘 이해했기 때문만이 아니다. 이 이야기가 설교자의 뇌리에 박히는 것은, 이것이 설교자의 **마음을** 강렬하게 움직이기 때문이다. 이 책 앞부분에서 말했다시피, 그것이 바로 위대한 작가의 예술성이다. 위대한 작가들은 우리의 마음에 이르는 길을 안다. 서머싯 몸의 작품 또한 마찬가지다. 이 작품은 우리의 설교자를 더욱 지혜롭게 해주기도 하지만, 연민을 더 풍성하게 해주고 죄를 더욱 치열히 미워하며 정의를 더욱 치열히 갈망하게 해준다.

## 할리우드가 설교자보다 지혜로운가?

이러한 훌륭한 특성들이 요즘의 설교자에게는 쓸모없는가? 오늘날의 사람들은 과실 여부를 따지지 않는 도덕성의 시대를 수십 년 살지 않았는가? 그리고 교회들은 그런 세월 앞에서 너무도 자주 두 손 들고 항복하지 않았는가? 오늘날에는 주일 아침 예배 때 죄를 고백하는 순서가 거의 없다. 보수적인 미시간 서부 교회의 형편도 마찬가지다. 죄를 고백하는 행위는 거의 소멸 직전이다. 통회나 자책의 시편을 위한 자리가 거의 없는 것이 많은 교회들의 형편이다. 요즘 누가 시편 51편의 정서를 이해나 할 수 있겠는가? 비탄에 잠겨 죄와 더러움을 고백하고 간절히 회복을 청하는 그런 시를 말이다.

물론 성경에서는 죄에 대한 인식과 은혜에 대한 인식이 늘 병행한다. 따라서 우리 시대의 교회에서 죄에 대한 인식이 부패해 가면 은혜에 대한 인식도 함께 사라진다. '죄'라는 말 자체가 사소하게 혹은 별나게 들리는데, 우리가 왜 여전히 은혜에 대해 이야기를 하겠는가? 죄 인식 없는 은혜 이야기는 헛수고 아니겠는가?

데이빗 웰스는 이 문제에 대해 다섯 권의 책을 썼다. 이 책들의 메시지는 한마디로 북미의 복음주의가 그 영혼을 잃었다는 것이다.[6] 웰스 교수는 말하기를, 오늘날 많은 교회들의 신학이라는 것이 대중문화를 곁들여 "하나님을 할부로" 제공하는, 그래서 주로 교회성장과 심리적 건강에만 관심 있는 그런 신학이 고작이라고 말한다. 웰스 교수는 사도 바울이 복음주의적 교회의 성격을 어떻게 이해했는지 알고 싶어 한다. 바울은 보편적 기독론, 이신칭의에 대한 확고한 믿음, 그리고 예수 그리스도와 더불어 죽고 살라는 긴박한 부르심이 복음주의적 교회를 이룬다고 생각했다. 통회함 없이, 골반을 앞뒤로 흔들어 대며 노래하는 찬양팀, 높은 의자에 걸터앉아 조명을 받는 목사들, 환호하는 청중들과 나누는 잡담과 농담, 심야 토크쇼에 나왔던 이런저런 '톱 텐' 순위나 알려 주는 것으로 사도 바울이 예배를 규정하려고 할까?

교회가 대중문화에 예속되는 현대판 바벨론 유수가 오늘날 수많은 교회의 비극적 현실이다.

하지만 이것이 끝은 아니다. 자기 아이가 학교에서 계속 괴롭힘당하고 인터넷에서 조롱당할 때 부모는 죄의 현실, 그리고 자기 아이에게 자비가 필요하다는 사실을 부인할까? 남편에게 멸시당하는 여자, 남편이 바람을 피우는 여자, 남편에게 폭행당하고는 폭행의 빌미를 제공했으니 맞은 거라고 오히려 비난받는 여자들의 경우는 또 어떤가? (남자는 여자를 폭행한 뒤 이렇게 비난한다. "네가 날 이렇게 만들었다는 거 알아?")

한 중년 남자가 실직을 했다. 그런데 자동화공정이나 아웃소싱이나 혹은 어쩔 수 없는 인원 감축 때문이 아니라 시기와 탐욕으로 인한 회사 내 파벌 다툼으로 일자리를 잃은 것이라면? 48세 남자가 직장을 잃고 거세당한 기분일 때, 그의 이력서와 구직 문의에 답해 주는 이가 아무도 없을 때, 사랑하는 가족들이 길거리에 나앉을지도 모르고 아이들은 생활 형편이 나빠진 것에 적응하지 못할 것이 뻔할 때, 이 남자가 무엇을 깨닫겠는가? 부당하게 직장을 잃은 남자는 오래전부터 기독교에서 말하는 죄 · 타락 · 비참 · 통회에 대해 알게 되지 않겠는가? 치유하시고 회복시키시는 하나님의 은혜에 대해 생각하게 되지 않겠는가?

나는 수많은 평범한 사람들이 아직도 이런 것을 깨닫는다고 믿는다. 이들의 목사들이 이에 관한 성경적 어휘를 알려 주고 가르쳐 주지 않는다 해도 말이다. 어쩌면 목사들은 죄와 은혜에 대해 이들에게 말하려 하지 않을 것이고, 그래서 오히려 이 사람들이 자기 목회자에게 이러한 현실에 대해 말해야 할지도 모른다. 죄와 은혜에 대해 이야기해도 괜찮다고, 교회에서 그렇게 하는 것이 옳다고 목사들에게 말하라.

이는 시대에 뒤떨어진 개념인가? 나는 그렇게 생각하지 않는다. 주변을 한번 둘러보라. 자신에게 한 번도 진정한 엄마인 적이 없었던 어머니, 중년의 나이가 되어서도 그 어머니를 용서하지 못해 괴로워하는 딸들이 있다. 믿음 좋아 보였던 사기꾼에게 통장에 있던 돈을 다 빼앗기고 날마다 박탈감을 느끼며 살아가는 사람도 있다. 공사장 안전을 정밀 감찰해야 할 감리관이 매수를 당해 제대로 감리를 하지 않고, 그래서 기중기가 도심의 거리로 무너져 내린다. 조롱하고 조소하는 것이 일인 코미디언들은 때로 하나님까지 조롱하고, 사람들은 이것을 아주 재미있어 한다. 미국이 베트남을 상대로 그러했듯 강대국은 약소국을 상대로 손해가 많은 전쟁을 벌인다. 적어도 두 명의 미국 대통령이 양측의 인명 피해를 불사하며 전쟁을 이어갔다. 이기지 못할 것을 뻔히 알았지만 **단지 약하게 보이기 싫어서 말이다.**

이런 이야기들은 온 세상에 쌓이고 쌓여 있다. 죄와 은혜에 대한 성경의 메시지에 침묵하는 교회들은 사람들의 실생활이 영위되고 있는 곳에 다가가지 못한다. 어린 회중들도 예외가 아니다. 해리 포터를 읽는 아이들은 선과 악에 대해 안다. 책에 등장하는 '악'을 설명할 때 '죄'라는 단어를 사용하지 않을 수는 있다. 괜찮다. '죄'라는 말은 그냥 괄호 안에 넣어 버리고, 볼드모트가 하는 짓, 디멘터들이 하는 짓에 대해 이야기해 보라. 할리우드의 극작가들은 선과 악을 너무 민감하게 의식한다. 그래서 만일 어떤 인물이 착한 여자를 속이거나 무고한 사람을 죽이면 그 인물에게는 반드시 무슨 일이 일어난다. 악행을 그냥 묵과하지 않는 것이다. 이 공식은 과거에도 다르지 않았다. 극적으로 묘사된 악이 관객들을 흥겹게 하고, 쇼가 막을 내리기 전 그 악은 후련하게 응징된다. 왜냐하면 이들이 생각하기에 죄는 벌을 받아 마땅하기 때문이다. 할리우드 작가들은 구식이다. 이들은 대부분 교회에 나가지 않는 사람들이다. 그래서 악행에 대해 개인적으로 죄책을 진다는 것이 **시대에 뒤떨어진** 개념이라는 것을 미처 배우지 못한 것이다.

### 퓰리처상, 오코너, 스타인벡

설교자가 죄에 관한 지혜를 얻고자 한다면, 이를 얻을 곳은 무수히 많다. 단순한 정보를 원할 경우, 퓰리처상 웹 사이트인 www. pulitzer.org라는 탁월한 자료가 있는데, 다년간에 걸친 추적보도 부문 자료를 이곳에서 읽을 수 있다. 다음은 지난 몇 년간의 추적 보도 부문 수상자 목록이다.

2004년: 오하이오 주 톨레도「블레이드」지의 마이클 D. 셀라, 미치 와이스, 조 마어. 정예 미 육군 소대인 타이거 포스가 베트남전쟁 중에 저지른 잔학 행위에 대한 설득력 있는 연속 보도로 수상.

2005년: 오리건 주 포틀랜드「윌러밋위크」지의 나이젤 재퀴스. 전임 주지사가 오랫동안 은폐해 온 열네 살 소녀와의 성적 부정행위를 파헤쳐 폭로함.

2007년: 앨라배마 주「버밍햄뉴스」지의 브렛 블랙리지. 2년제 주립대학 시스템 내의 정실인사와 부패를 폭로했고, 그 결과 학장이 해임됨.

2009년: 「뉴욕타임스」의 데이빗 바스토우. 일부 퇴역 장성들이 라디오와 텔레비전 해설가로 일하면서 어떻게 국방성에게 자의적으로 휘둘리며 이라크전 옹호론을 펼쳤는지, 또 이들 중에 자신이 옹호한 정책으로 이득을 본 기업들과 은밀한 유착관계에 있는 사람이 얼마나 많은지를 끈질기게 추적해서 보도한 공로로 수상.

세상에는 온갖 죄의 징후 투성이지만, 은혜의 징후 또한 그에 못지않게 많다. 기자들은 늘 은혜에 얽힌 이야기들도 들려준다. 그중에는 그것이 일상이 된 이들도 있다. 사람들은 서로의 장기를 기증하고, 장기 기증을 장려하는 행사를 계획한다. 그래서 누군가는 신장을 기증하는 고통을 겪는다. 어쩌면 전혀 모르는 사람에게 말이다. 중서부 지역 어딘가에 강이 범람하면 전국 방방곡곡에서 사람들이 트럭을 몰고 몇 시간을 달려와 허리가 휠 정도로 자원봉사를 하면서 알지 못하는 사람들에게 도움을 베푼다. 그런 광경 안에 하나님이 계시지 않다면 이는 정말 말이 안 되는 일이다. 한 남자가 고성능 자동소총을 가지고 코네티컷 주 뉴타운의 초등학교에 들어가 아이들 스무 명과 어른 여섯 명을 죽인다. 각처에서 사람들이 꽃과 곰인형과 크리스마스 꽃장식, 촛불, 애도의 편지를 보내온다. 직접 "피해자들에게 조의를 표하려고" 일부러 뉴타운까지 찾아오는 이들도 많다. 시카고의 어떤 개 조련사는 '위로하는 개'로 훈련받은 리트리버 팀을 데리고 온다. 학교 친구를 잃은 아이들은 개를 어루만지며 떠나간 친구 이야기를 한다.[7]

어떤 여성은 카메룬의 한 마을에 학교를 열고 아이들에게 읽기를 가르친다. 한 남자가 배관공으로 일하다가 은퇴한다. 그러나 배관 일 자체에서 은퇴를 한 것은 아니다. 그는 자기 교회에서 모집한 자원봉사자가 되어 미시시피 시골 지역을 찾아간다. 그리고 가난하면 집안의 배관 시설이 고장나도 그대로 살아야 한다고 생각하는 이들의 집 배관을 고쳐 준다.

죄와 은혜에 관해 지혜를 얻고자 하는 설교자는 어디든 무제한으로 가서 도움을 얻을 수 있다. 기자들이 바로 그런 곳에 살고 있고, 플래너리 오코너 같은 이야기 작가도 마찬가지다. 오코너의 소설에는 여러 가지 형태의 고통이 등장한다. 그녀의 작품을 읽으려면 그런 고통들을 흡수하는 수밖에 없다. 가난한 사람들, 무지한 사람들, 별나고 촌스럽고 자포자기한 사람들, 이 모든 사람들이 작품 속에 등장하고, 이들이 사는 곳 몇 미터 밖에서 꿀꿀거리며 사는 돼지떼도 등장한다.

오코너의 작품에서 하나님은 우회적으로 등장한다. 은혜도 비스듬히 모습을 드러낸다. 은혜는 절대 갇히거나 통제되지 않는다. 언제나 예측 불가능하고, 전혀 은혜의 대상이 될 법하지 않은 사람을 늘 찾아낸다. 침례를 받으면 예수님을 좀 알게 된다니 그럼 아예 물에 빠지면 예수님을 전부 알 수 있게 될 것이라 생각하는 어린 소년 같은 그런 대상을.[8] 파커라는 남자는 트랙터 전복 사고에서 살아난 뒤 자기를 구해준 은혜를 상징할 만한 것을 갖고 싶어 한다. 그래서 그는 등에다 예수님 문신을 한다. "머리에 후광이 비치고, 부담스럽기만 한 시선을 지닌 생기 없고 험악한 표정의 비잔틴풍 그리스도"였다고 오코너는 말한다.[9] 거듭난 개신교도인 파커의 아내는 문신으로 성상聖像을 새기는 것은 우상 숭배라 여겨 파커의 등을 빗자루로 내려치고, 급기야 고난당하는 주님의 얼굴에 채찍 자국이 생긴다.

죄와 은혜는 오코너의 작품에도 등장하고 존 스타인벡의 작품에도 나온다. 『에덴의 동쪽』이라는 소설에서 스타인벡은 캐시 에임스라는 소시오패스sociopath(반사회적 인격장애)를 등장시키는데, 이 인물은 현대 소설에서 가장 악명 높은 거짓말쟁이로 손꼽힌다.

캐시의 거짓말은 절대 순진하지 않다. 징벌을 피하고, 일을 안하고, 책임을 모면하려는 것이 그 거짓말의 목적이다. 그리고 그녀는 뭔가 이득을 얻으려고 거짓말을 하곤 했다. 거짓말쟁이들은 대개 자충수에 빠지기 마련이다. 자기가 무슨 말을 했는지 잊어버리기 때문이기도 하고 거짓말이 돌연 명약관화한 진실과 맞부딪치기 때문이기도 하다. 하지만 캐시는 자기가 어떤 거짓말을 했는지 잊지 않았고, 가장 효과적인 거짓말 방법까지 개발해 냈다. 예를 들어 그녀는 진실 옆에 바짝 붙어 있었다. 그래서 누구도 그녀의 말이 거짓인지 확신하지 못했다. 그리고 두 가지 방법이 더 있었다. 하나는 거짓과 진실을 뒤섞는 것이었고 또 하나는 진실을 마치 거짓처럼 말하는 것이었다. 어느 한 가지 말이 거짓이라 고발당했는데 나중에 진실임이 밝혀질 경우, 그 잔상이 오래 남아 그녀의 수많은 거짓을 덮어 가려주는 방식이다.[10]

이는 천재적 술수다. "어느 한 가지 말이 거짓이라 고발당했는데 나중에 진실임이 밝혀질 경우, 그 잔상이 오래 남아 그녀의 수많은 거짓을 덮어 가려준다." 스타인벡은 거짓과 속임수의 본질을 깊이 들여다보았다. 그리고 인생의 어느 한 가지도 놓치지 않는 그런 유형의 사람이 되고자 하는 설교자에게 그의 지혜는 지금도 유용하다. 인간 심성의 부패에 관해 말하는, 혹은 사악한 자의 간교한 거짓말이나 거짓 증거에 관해 말하는 성경 본문이 설교자 앞에 펼쳐져 있다고 하자. 설교자의 머리에 캐시 에임스가 떠오를 것이고, 그러면 그는 확신을 가지고 본문으로 달려든다. 설교자가 스타인벡을 인용하든 안 하든 상관없다.

오늘의 본문이 하나님의 은혜와 관계있는 말씀이라고 해보자. 설교자는 독서 파일에서 은혜에 관한 구절을 모아 놓은 곳을 뒤져 도스토옙스키의 작품 중 한 구절을 찾아낸다. 『죄와 벌』에서 마르멜라도프는 식구들 양식 살 돈을 술로 다 탕진하고 돈까지 빌린다. 십대 소녀인 그의 딸 소냐는 어머니와 동생들을 먹여 살리기 위해 창녀가 된다. 소냐는 아버지 마르멜라도프에게도 돈을 주고, 이는 그에게 참을 수 없을 정도의 징벌이 된다. 술 취한 마르멜라도프는 한 친구에게 괴로운 심정을 토로한다.

바로 이 술을 딸년 돈으로 샀다오.……30코페이카를 두 손으로 건네주더군. 마지막 남은 돈, 가진 돈 전부를 말이오.…… 아무 말도 안 하더군. 한마디도 없이 그냥 나를 물끄러미 보기만 했지요.……이 세상의 눈이 아니라 천사의 눈 같았소.……

세상은 사람들이 하는 짓을 슬퍼하며 눈물 흘리지만 결코 나무라진 않는다오. 나무라질 않아! 하지만 그 편이 더 괴롭단 말이지, 나무라지 않는 게 더 괴롭다고![11]

하나님의 은혜가 무시무시한 것은 사람을 죄인으로 판정하기 때문이다. 은혜는 죄 있는 사람에게만 필요하니 말이다. 하지만 그 은혜가 베푸는 자비 앞에서는 할 말을 잃을 뿐이고, 은혜가 초래한 바로 그 상처도 치유된다. 은혜가 앙갚음보다 더 압도적일 수 있다고, 하나님의 은혜가 우리에게 고통을 끼치기도 하지만 우리가 이겨내기만 할 수 있다면 그 고통이 생명을 안겨 줄 것이라고 말하고 싶은 설교자는 자베르 경감이나 마르멜로도프를 기억에서 소환하면 될 것이다. 위와 같은 메시지는 우리의 직관에 반(反)하는 것이기에, 청중들에게 이것이 진실임을 자각시키기 위해서는 이 두 사람과 같은 사례에서 도움을 받아야 할 것이다.

## "바로 뒤에 온 거지 같은 놈들"

이 책 전반부에서 존 스타인벡의 걸작 『분노의 포도』를 몇 번 인용했다. 이 작품에서 조드 일가는 오클라호마의 집을 폐가로 버려두고 캘리포니아로 향한다. 그곳에는 일거리도 많고, 거대한 포도 열매가 열리고, 희고 작은 말뚝 울타리에 둘러싸인 희고 작은 집들이 있다는 말을 들었기 때문이다. 마 조드는 식구들을 그 희고 작은 집에 살 수 있게 해주려고 마음먹는다. 그러나 이 작품을 읽어 나가다보면, 그 애잔한 소망이 잔혹한 현실에 짓뭉개지는 시점에서 슬픔, 통렬함 등 크나큰 비극의 요소가 생겨나는 것을 알게 된다.

이 소설에는 이른바 중간장inter-chapter이 다수 포함되어 있는데(전체 30장으로 구성된 이 작품의 15개 홀수장이 이런 중간장이다—옮긴이) 이 중간장들에서 스타인벡은 캘리포니아로 향하는 조드 일가에게서 카메라를 빼내어, 1930년대의 이주 역사를 간략히 소개하기도 하고, 일을 원하는 사람은 많고 일자리는 적은 상황에서 이주민과 농부들이 어떤 사회적 압박을 받았는지를 개관하기도 한다. 때로 이 중간장은 이주민들이 가진 것을 팔거나 자동차를 사거나 혹은 가던 길을 멈추고 먹을 것과 마실 것을 구하려 할때, 이들이 사회적으로 어떤 조건에 처했는지를 알려 주는 짤막한 드라마를 보여 주기도 한다.

한 유명한 중간장에서 스타인벡은 어느 이주민 가족이 휴게소 식당에 들르는 광경을 보여 준다.[12] 식당 주인 앨은 프라이팬 앞에 어슬렁거리며 서 있고 메이는 카운터 일을 보고 있다. 그리고 트럭 운전수 두 사람이 팔걸이 없는 의자에 앉아 파이와 커피를 먹고 있다. 여위고 각진 얼굴의 이주민 가족 가장과 맨발의 남자아이 둘이 식당 안으로 들어온다. 그리고 이어서 뜻밖의 일들이 벌어진다.

아이들의 아빠가 메이 쪽으로 다가가 말한다. "빵 한 조각 살수 있을까요, 아주머니?" 메이는 난처한 얼굴로 대답한다. "여긴

식료품 가게가 아니예요. 샌드위치 만들 빵밖에 없어요."

"압니다만," 남자가 말을 잇는다. "저흰 지금 배가 고프고 빵한 덩이를 다 살 만한 돈이 없어서요." 메이는 여전히 난처한 표정이다. "이걸 아저씨한테 팔면 샌드위치 만들 빵이 없어요. 그러지 말고 샌드위치를 사지 그러세요. 우리 가게 샌드위치랑 햄버거가 아주 맛있는데."

샌드위치를 살 돈이 없다고 남자가 말한다. 10센트로 온 가족이 먹을 수 있는 것을 사야 한다고. 메이의 대답은 달라지지 않는다. "10센트로는 빵 한 덩이 못 사요. 15센트짜리밖에 없어요."

그때 메이의 뒤에서 앨이 으르렁거리듯 말한다. "제기랄, 메이, 빵 그냥 줘버려." 메이가 항변한다. "그럼 빵 배달차가 오기도 전에 빵이 떨어질 거라고요."

"떨어지라지, 망할." 앨은 뒤적거리고 있던 감자 샐러드를 내려다보며 뚱한 얼굴로 말했다.

메이는 서랍을 열어 빵 한 덩이를 꺼내며 말한다. "여기 이건 15센트짜리 빵이예요." 남자는 여전히 굽신거리며 대답했다. "저기, 10센트어치만 잘라 주실 수는 없는지요?"

앨은 딱딱거리며 말했다. "제길, 메이, 빵 그냥 주라고."

남자가 작은 쌈지에 손을 넣어 10센트짜리 동전을 꺼내는데 1센트짜리 동전이 딸려 나온다. 바로 그때 남자는 사탕 통 앞에 서 있는 두 아이를 본다. 스타인벡은 천재를 발휘하여 이렇게 쓴다. 두 아이는 "갈망이나 소망이 아니고 심지어 욕망도 아닌, 다만 세상에 이런 것도 다 있나 하는 일종의 경이감으로" 사탕 통을 뚫어지게 쳐다보고 있다고.

남자는 1센트짜리 동전을 다시 쌈지에 넣으려다가 아이들을 본다. 그리고 메이 쪽을 보며 묻는다. "저 막대 박하사탕은 얼만가요? 1센트짜리 사탕인가요, 아주머니?"

두 아이는 숨을 멈추고 메이의 대답을 기다렸다. "아니요, 그건 1센트짜리가 아니라 2개에 1센트예요."

아이들 아빠는 알겠다고 말하고, 두 아이와 함께 식당을 나서 1926년식 내쉬 자동차 쪽으로 향한다. 아이들은 막대사탕을 옆구리에 꼭 끼운 채 감히 쳐다볼 생각도 하지 못한다.

식당 안에서, 트럭 운전수 빌이 메이 쪽으로 휙 돌아앉으며 말한다. "저 사탕은 두 개에 1센트가 아니잖아." "그래서 어쨌다고요?" 메이가 대답한다. 트럭 운전수들이 카운터에 동전 한 닢씩을 올려놓고 나가자 메이가 두 사람을 불러 세운다. "저기요! 잠깐만. 거스름돈 가져가야지요."

"뭔 개소리." 빌은 그렇게 말하며 철망 문을 쾅 닫고 나간다.

메이는 트럭 운전수들이 앉아 있던 자리로 간다. 늘 놓고 가는 팁을 챙기기 위해서다. 파이와 커피값 15센트에 팁은 10센트다. 그런데 오늘 두 사람은 각각 50센트씩을 놓고 갔다.

"트럭 기사들," 메이는 손가락으로 동전을 만지작거리며 경건한 얼굴로 말한다. "트럭 기사들" 바로 뒤에 온 "거지 같은 놈들이" 우리 빵을 다 가져갔다고.

이 장면이 지나고, 앨은 3번 슬롯머신을 조작하느라 바쁘다. 다음번 손님이 돈을 따지 못하게 하기 위해서다.

우리의 설교자는 『분노의 포도』에서 이 식당 장면을 읽고 지혜를 얻게 될 것이다. 이 장면을 읽어 보라. 그러면 이 이야기 바로 밑에 긍휼의 정신이 잠복해 있는 것을 어렴풋이 깨닫게 된다. 앨처럼 거친 사내가 가장 먼저 긍휼의 정신을 보여 주면, 다른 사람들에게도 이 정신이 전염된다. 앨 다음에 메이, 그리고 아이들의 아빠, 마지막으로 트럭 기사들까지, 남을 긍휼히 여기는 마음이 마치 줄줄이 꿰어져 있는 폭죽처럼 연이어 폭발하는 것을 보게 된다. 앨이 "제기랄, 메이, 빵 그냥 줘버려"라고 말한 것이 이 모든 과정의 발단이었다. "망할", "개소리", "그 거지 같은 놈들"이라는 욕설과 함께 긍휼이 베풀어진다. 긍휼이 욕설과 함께 등장하는 것은 아마도 긍휼이 상냥한 덕목이기 때문일 것이다. 한순간이라도 이 상냥함을 드러내 보인 사람은 그 민망함을 상쇄하기라도 하려는 듯 평소 때와 같은 익숙한 욕설로 모든 것을 매조지한다.

## 은혜로 충분한가?

은혜는 하나님께서 인간의 죄와 수치를 향해 너그러이 말을 거시는 것이다. 우리는 방금 하나님께서 인간적 유형의 은혜인 긍휼에 영감을 주시는 것, 그리고 이 긍휼의 행위가 놀라우리만치 전염성이 있는 것을 살펴보았다. 그러나 때로 죄가 너무 심각하고 너무 막심해서 과연 은혜가 맞상대나 될까 하는 의구심이 생길 때도 있다. 바울은 주님께서 "내 은혜가 네게 족하도다"(고후 12:9)라고 자신에게 말씀하셨다고 고백한다. 겸손한 주장으로 들린다는 것을 인정하겠다. 내 은혜로 충분하다. 그 이상은 없다. 아주 충분하다. 그 이하도 없다. 그리고 이는 하나님의 은혜가 우리 인간의 은혜를 능가한다는 의미다.

사람을 죽인 자가 법정에서 판결을 받으면서 슬픔에 잠긴 피해자 유족들을 돌아보며 다음과 같은 취지의 말을 하는 것을 자주 볼 수 있다. "괴로움을 끼쳐 드려 죄송합니다. 내가 저지른 일을 돌이킬 수 있다면 하고 바라지 않은 날이 단 하루도 없었습니다. 그녀를 죽이면 안 되는 거였습니다."

"그녀를 죽이면 안 되는 거였습니다." 이 말에 어디 충분하다고 할 만한 은혜가 조금이라도 있는가?

미시간 대학 교수 고든 보챔프Gordon Beauchamp는 「아메리칸 스칼라」(*The American Scholar*)지에 훌륭한 글 한 편을 썼는데, 이 글에서 그는 우리가 지난 20년 동안 보아온 모든 공개 사과문을 깊이 연구한다.[13] 일본은 제2차 세계대전 전, 그리고 제2차 세계대전이 진행되는 동안 한국과 중국에 저지른 범죄 행위에 대해 사과했다. 영국은 1840년대 감자마름병으로 감자를 주식으로 하던 아일랜드에 기근이 들었을 때 이에 무심했던 것을 사과했다. 미국은 제2차 세계대전 당시 미국에 거주하던 일본계 미국인들을 억류했던 것에 대해 사과하고 당사자들(혹은 그 후손들)에게 배상

했다. 가톨릭교회는 갈릴레오를 핍박한 것에서부터 제2차 세계대전 때 유대인과 집시들이 힘든 처지에 있는 것을 보고도 침묵한 것, 그리고 오늘날 가톨릭 성직자들의 아동 성추행에 이르기까지 지난 20년 동안 수없이 많은 사과문을 발표했다.

어느 경우든 사과는 한결같이 너무 보잘것없고 시기도 너무 늦는 것 같다. 인간이 자기 잘못에 대해 진지하게 이야기하려는 시도는 그 잘못이 끼친 피해에 비해 매우 부분적이고 작다. 어디를 보아도 족하다고 할 만한 부분이 없어 보인다. 성적 학대의 피해자 혹은 사랑하는 사람이 살해당해 슬픔에 잠겨 있는 유족들이 하는 말만 들어 보아도 쉽게 알 수 있다. "사과라고? **사과**가 도움이 될 거라고 생각하는 건가?"

사과는 절대 도움이 되지 않는다. 물론 예외는 있다. 아동 성학대 사건 전문으로 미국에서 가장 유명한 변호사로 손꼽히는 오리건 주 포틀랜드의 변호사 켈리 클락Kelly Clark은 4세 아동 성추행 사건이 벌어진 한 스포츠클럽의 대표와의 만남에 대해 이야기한다.[14] 피해 아동의 부모도 동석했지만 그 대표가 어떻게 나올지는 전혀 알 수 없는 상황이었다. 그 자리에서 대표가 가장 먼저 보인 태도는 진심 어린 사과였다. 그 여성 대표는 피해 아동 부모에게 아주 솔직했고 매우 겸손했으며 눈에 확연히 보일 만큼 황망해하면서 잘못을 뉘우쳤다. 부모는 그런 그녀의 태도에 깊이 감동받고 고마워했다. 자기 회사가 그 어린 소녀를 보호해 주지 못한 것에 대해 대표가 슬픔의 눈물을 흘렸다고 해서 소녀가 입은 피해가 없었던 일이 되는 것은 아니었다. 하지만 이 진심 어린 눈물에 그 부모는 마음이 누그러졌다.

남아프리카공화국의 진실과 화해 위원회TRC에서 나온 기록 자료들을 읽어 본 독자들이 많을 것이다. 나를 비롯해 수많은 사람들에게 깊은 인상을 남긴 것은, 아파르트헤이트apartheid(인종 격리 정책) 피해자들의 증언에서 한결같이 볼 수 있는 한 가지 테마다. 이들은 자기들이 하는 말이 **세상에 들리는** 것만으로도 자신들에게는 엄청나게 중요한 일이라고 말한다. TRC는 가해자들에게 사과를 요구하지 않았다. 다만 사면을 신청한 가해자들에게 요구한 것은, 피해자들에게 어떤 짓을 저질렀는지 자세히 진술하라는 것이었다.

이리하여 가해자들은, 비록 뻔한 발뺌이 예측되는 가운데 어쨌든 피해자들에게 어떤 짓을 저질렀는지 진술했다. 그러고 난 후 피해자들은 자신들이 어떤 일을 겪었는지 세상을 향해 말했다. 진실이 모습을 드러냈고 모든 이들이 들을 수 있었다. 피해자에게 위로가 되는 것은 그저 가해자들이 저지른 무도한 행위를 공개 증언하는 것이었다. 이는 피해자들에게 말로 다할 수 없이 의미 있는 일이었다.

TRC 위원 피에트 메이어링Piet Meiring은 경찰 에릭 테일러의 사례를 이야기한다. 테일러는 단순히 자신의 죄과를 인정하는 데 그치지 않고 한 걸음 더 나아가기로 했다고 한다. 그는 자신이 살해한 네 남자의 가족들에게 사과하고 싶어 했다. 기독교인 몇 사람이 이 사과의 만남을 주선했다. 테일러 쪽에서 피해자 가족 앞에 자존심 다 내려놓고 진심으로, 깊이 뉘우쳐야 하는 상황이었다. 그러나 테일러가 그 만남에서 실제로 한 말은 이것이었다. "그때 일어났던 많은 일은 정말 유감입니다." 그러고는 그 가족들에게 물었다. 자신을 용서해 주겠느냐고.[15]

그 상황에서 요구되는 것은 자존심을 내려놓고 충실하게, 죄를 깊이 고백하고 뉘우치는 자세였다. 그러나 피해자 가족들이 그 만남에서 얻은 것이라고는, 너무도 두루뭉술해서 테일러가 과연 그 말을 하느라 괴롭기는 했는지 의아스러운 그런 진술뿐이었다. 놀라운 것은, 피해자 가족들이 에릭 테일러의 그 부실하기 짝이 없는 고백을 받아들이고 거기서 하나님의 은혜를 보았다는 사실이다.

"감사하게도 하나님께서 제 기도에 응답하셨어요"라고 한 여인은 말했다. "이제 마음이 편해졌어요."

피해자의 친척 중 한 남자는 에릭 테일러와 악수를 나누며 말했다. "감사합니다. 제가 하나님께 말씀드렸었지요. 당신을 제 앞에 데려다 주신다면 당신과 악수를 나누겠다고 말입니다. 오늘 이렇게 저희를 만나 주셔서 감사합니다. 마음이 한결 편안하기는 하지만 충분하지는 않습니다."

"마음이 한결 편안하기는 하지만 충분하지는 않습니다." 이미, 그러나 아직이다. 이 말에서 내가 깨닫는 것은, 큰 슬픔 가운데서도 하나님의 은혜는 충분할 수 있다는 것이다. 그리고 이 말에서 내가 또 깨닫는 것은, 큰 슬픔 가운데서 하나님의 은혜는 예수께서 다시 오실 때까지 절대 **전적으로** 충분하지는 않으리라는 것이다.

그것이 바로 한갓 인간이 세상의 죄에 대해 사과할 수 없고 속죄할 수 없는 이유다. 그리고 그것이 바로 약한 이들을 괴롭히는 가해자 집단이 세상 여러 곳에서 여전히 새된 소리로 괴성을 지르고 있는 이유다.

**독자들을 위한 메모**

다음 목록에 있는 도서들은 독서 세미나 공동 진행자와 내가 선정하기는 했지만, 세미나 참석자들에게 많은 도움을 받았다. 이들이 추천한 책들은 앞으로의 세미나 연구 일정에 포함시키도록 할 것이다. 물론 주요 신문과 잡지의 북 리뷰, 책을 많이 읽는 친구들이 전해 주는 말, http://www.aldaily.com 같은 다양한 인터넷 사이트 등 일반적인 자료에서도 도움을 받았다. 지역 어린이 도서관 사서나 중고등학교 문학 교사를 알아 두면 좋다는 것도 알게 되었다. 어떤 작품이 어린 독자들을 매혹시키는지 이들은 잘 알고 있기 때문이다. 이들은 주일 아침 설교 때 청소년들의 마음을, 그리고 그 아이들의 엄마 아빠와 할아버지 할머니의 마음을 움직이고 싶어 하는 설교자에게 아주 귀중한 정보를 전해 줄 수 있다.

좋은 작품을 읽는 것만큼이나 중요한 것은, 검색이 쉬운 데이터베이스 프로그램을 이용해 자료를 모아들이고 저장하며, 인상적인 부분을 검색어로 만드는 것이다. 때로는 이 작업이 아주 힘들다. 피곤할 때는 특히 더 그렇다. 하지만 일주일에 다섯 항목씩만 저장해 놓아도 곧 멋지고 유익한 자료의 보고寶庫가 만들어질 것이고, 언제든 필요하기만 하면 불러 쓸 수 있게 될 것이다. 그리고 이렇게 하다 보면, 자료를 모으고 저장하는 작업을 즐기게 될 때가 있을 것이다. 그날 내가 저장하고 있는 자료가 더할 수 없이 **훌륭한** 자료인 까닭에 말이다.

사실 이 책에 무언가 유익한 내용이 있다면 그것은 모두 나의 데이터베이스에서 나온 것들이다.

데이터베이스에 저장할 만한 것으로는 어딘가 인상적인 내용, 어딘가 독특하고 날카롭고 뜻밖의 전개가 담긴 부분 등이다. 예를 들어 『분노의 포도』에서 휴게소 식당 장면이 바로 그런 부분일 수 있다. 하지만 동네에서 벌어진 농구 게임 중 어느 한 광경, 사람들의 이런저런 모습을 눈치 빠르게 알아차리는 사람과의 대화("사람들이 …하고 싶을 때 어떻게 하는지 눈치챈 적 있어요?")에서 뜻하지 않게 포착한 한 자락의 지혜가 바로 그것일 수도 있다. 웨딩드레스 광고 혹은 드라마 '매드 맨'(*Mad Men*)의 한 에피소드를 간략하게 요약한 것일 수도 있다.

지금 이 글을 쓰면서 「타임」지에서 병원비의 의혹을 다룬 기사를 보고 있다.[1] 노골적 질문("알코올 솜 한 갑이 월마트에서는

3.99달러인데 병원에서는 왜 한 장에 6달러여야 하는 것인가?")을 해 봤자 병원 행정 담당자에게서는 절대 솔직한 답변을 얻을 수 없다고 한다. 왜 그럴까? 이 기사의 주요 내용을 데이터베이스에 입력한다면 '고객 불만사항', '의료비', '구조적 악' 그리고 물론 '둘러대기'라는 검색어로 색인을 달아야 할 것이다. 환자의 입장에서 볼 때 터무니없이 부풀려진 것으로 보이는 이 병원비에 대해 어떤 말끔한 해명이 있을 수 있을까? 있기를 바란다. 어물쩍 둘러대는 태도는 여기서 별로 권장할 만한 것이 못 된다. 말끔한 해명이 즉시 제시되면 의혹은 대개 해소되기 마련이다.

흥미진진한 자료들로 가득한 데이터베이스를 가지고 있으면 마음이 든든하다. 예를 들어 어느 날 긍휼("긍휼을 옷 입고")에 관해 설교하게 되었을 때, 나에게는 이미 긍휼에 대한 통찰과 긍휼에 얽힌 이야기와 정보가 있고, 그래서 나뿐만 아니라 내 설교까지 긍휼로 옷 입을 수 있기 때문이다. 이 개념은 이렇게 정리된다. 먼저 성경 본문을 성의 있게 주해한다. 그리고 주해한 본문을 해석의 필터로 걸러낸 다음 설교의 구도를 짠다. 이제 향수 회사가 제안하는 향수 사용법을 떠올려 본다. 허공에 향수를 분무한 다음 몇 번 왔다 갔다 해서 향기가 몸에 배게 하는 것처럼, 긍휼에 관한 흥미진진한 자료들을 허공에 분무하고 앞서 주해해 놓은 본문이 그 사이로 왔다 갔다 하게 한다. 아마 어떤 향기로운 것이 본문에 달라붙을 것이다.

독서는 설교 예화를 제공해 주는 것 말고도 긍휼이라는 문제에 관해 설교자를 더욱 지혜롭게 만들어 준다. 『분노의 포도』에서 휴게소 식당 장면을 읽기 전만 해도 사실 나는 어떤 현상의 표면 바로 밑에 긍휼이 자리잡고 있을 때가 많다는 것을 미처 알지 못했다. 한 거친 사내가 먼저 긍휼을 보이면 다른 이들도 이 긍휼에 전염된다는 것, 그리고 긍휼을 보인 사람들은 자신이 평소와 달리 얼마나 "상냥했는지" 깨닫고 늘 편안하게 사용하던 욕설로 얼른 정신을 차리고 "현실"로 돌아온다는 것을 말이다. 스타인벡은 이러한 매우 인간적인 현상을 잘 알고 있었고 이것을 작품 속에 녹여 냈다. 나는 그에게서 이것을 배웠다. 그리고 이것을 배웠다는 사실이 기쁘다.

설교자들에게 마지막으로 한 가지 묻겠다. 일반 독서가 좋다는 것은 알겠는데 책 읽을 시간이 없다고 생각하는가? 하지만 일반 독서 프로그램이 여러분의 설교를 더욱 힘 있게 해준다면? 유진 피터슨처럼 독서 시간을 설교 준비 시간으로 생각하고 시간표를 짜는 것은 어떻겠는가? 시간이 소요되는 일 가운데 어떤 것은 남에게 맡길 수도 있지만 설교 준비는 그럴 수 없다. 대다수 설교자들에게 주일 설교는 일주일 동안 교인들을 섬기는 일 가운데 단일 항목으로 가장 큰 비중을 차지한다. 결국 이는 설교 준비가 최우선 순위가 되어야 한다는 말 아닌가? 따라서, 설교를 힘 있게 해주는 것이라면 그것 또한 최우선 순위가 되어야 하지 않겠는가?

## 설교자를 위한 독서 목록

이 독서 목록은 코넬리우스 플랜팅가 Jr., 헐릿 글로어, 스캇 호지가 2003년부터 현재까지 칼빈 대학, 칼빈 신학교, 샌프란시스코 신학교, 기타 여러 단체에서 주최한 '창조적 설교를 위한 창의적 독서' 세미나를 위해 정선한 것이다.

Adichie, Chimamanda Ngozi, *Purple Hibiscus*. Chapel Hill: Algonquin Books, 2003.

Berry, Wendell, *Jayber Crow*. Washington, DC: Counterpoint, 2001. (『포트윌리엄의 이발사』 산해)

Breslin, Jimmy. *The Short, Sweet Dream of Eduardo Gutierrez*. New York: Crown, 2002.

Caro, Robert. *Master of the Senate*, vol. 3 of *The Years of Lyndon Johnson*. New York: Knopf, 2002.

Endo, Shusaku. *Silence*, trans. William Johnston. New York: Taplinger, 1979. (『침묵』 홍성사)

Friedman, Thomas. *The World Is Flat: A Brief History of the Twenty-first Century*. New York: *Picador*, 2007. (『세계는 평평하다』 21세기 북스)

Frost, Robert. *The Poetry of Robert Frost: The Colected Poems*, ed. Edward Connery Latham. New York: Henry Holt, 1979. 특히 "Home Burial", "The Road Not Taken", "After Apple-Picking", "Two Tramps in Mud Time"을 보라.

Gorney, Cynthia. "Gambling with Abortion"(Why Both Sides Think They Have Everything to Lose). *Harper's*, November 2004.

Griffin, Peter. "Pool Sharks." *The Atlantic Monthly*, August 1994.

Hansen, Ron. *Mariette in Ecstasy*. New York: HarperCollins, 1991. (『수녀원의 비밀』 한나래)

Hoezee, Scott. *Proclaim the Wonder: Engaging Science on Sunday*. Grand Rapids: Baker, 2003.

Hosseini, Khaled. *The Kite Runner*. New York: Riverhead, 2003. (『연을 쫓는 아이』 열림원)

Hurston, Zora Neale. *Their Eyes Were Watching God*. New York: HarperPerennial, 2006. (『그들의 눈은 신을 보고 있었다』 문예출판사)

Jones, Edward P. *The Known World*. New York: Amistad, 2006.

Kafka, Franz. *The Trial*, trans. Edwin and Willa Muir. New York: Vintage, 2001. (『소송』 열린책들)

Keizer, Garrett. *A Dresser of Sycamore Trees: The Finding of a Ministry*. Boston: D. R. Godine, 2001.

Keizer, Garrett. *The Enigma of Anger*. San Francisco: Jossey-Bass, 2004. (『왜 자꾸 화가 나지?』 청년정신)

Kenyon, Jane. *Otherwise: New and Selected Poems*. Saint Paul: Graywolf, 1996. 특히 "In the Nursing Home", "November Calf", "Let Evening Come", "Having It Out with Melancholy", "Otherwise"를 보라.

LaMott, Anne. *Traveling Mercies: Some Thoughts on Faith*. New York: Pantheon, 1999. (『마음 가는 대로 산다는 것』 청림출판)

LaMotte, Anne. *Plan B: Further Thoughts on Faith*. New York: Riverhead, 2006. (『플랜 B』 청림출판)

Long, Thomas G. "Why Jessica Mitford Was Wrong." *Theology Today*, January 1999.

Lowry, Lois. *The Giver*. Boston: Houghton Mifflin, 1993. (『기억 전달자』 비룡소)

Lynch, Thomas. *The Undertaking: Life Studies from the Dismal Trade*. New York: Norton, 2009.

Maclean, Norman. *A River Runs Through It and Other Stories*, with a Foreword by Annie Proulx. Chicago: University of Chicago Press, 2001. (『흐르는 강물처럼』 밝은세상)

Maxwell, William. *All the Days and Nights: The Collected Stories of William Maxwell*. New York: Vintage, 1995. 특히 "What Every

Boy Should Know", "The Value of Money", "The Lily-White Boys", "The Front and Back Parts of the House"를 비롯해 장 편掌篇 "Improvision", 그리고 "Carpenter", "The Man Who Had No Friends and Didn't Want Any", "The Woman Who Never Drew Breath Except to Complain", "All the Days and Nights" 등 을 읽으라.

McBride, James. *The Color of Water: A Black Man's Tribute to His White Mother*. New York: Riverhead, 2006. (『컬러 오브 워터』 올)

Morrison, Toni. *Beloved*. New York: Knopf, 2006. (『빌러비드』 들녘)

Nazario, Sonia. *Enrique's Journey*. New York: Random House, 2007. (『엔리케의 여정』 다른)

Némirovsky, Irène. *Suite Français*, trans. Sandra Smith. New York: Knopf, 2006.

Norris, Kathleen. *Dokota: A Spiritual Geography*. Boston: Houghton Mifflin, 2001.

Norris, Kathleen. *The Quotidian Mysteries: Laundry, Liturgy, and "Women's Work"*. New York: Paulist, 1998.

Oates, Joyce Caro, and Robert Atwan, eds. *The Best American Essays of the Century*. Boston: Houghton Mifflin, 2000. 특히 H. L. Mencken의 "The Hills of Zion", E. B. White의 "Once More to the Lake", Maya Angelou의 "I Know Why the Caged Bird Sings", Maxine Hong Kingston의 "No Name Woman"을 보라.

O'Connor, Flannery. *The Complete Stories*. New York: Farra,

Straus, and Giroux, 1971. 특히 "A Good Man Is Hard to Find", "A Temple of the Holy Ghost", "Good Country People", "Everything That Rises Must Converge", "The Lame Shall Enter First", "Revelation", "Parker's Back"을 보라.

Orwell, George. *Essays*. Everyman's Library Edition. New York: Knopf, 2002. 특히 "Shooting an Elephant", "Review of *Mein Kampf* by Adolf Hitler", "My Country Right of Left", "The Freedom of the Press", "Politics and the English Language"를 보라.

Paterson, Katherine. *The Great Gilly Hopkins*. New York: HarperTrophy, 1987. (『위풍당당 질리 홉킨스』 비룡소)

Robinson, Marilynne. *Gilead*. New Yor: Farrar, Straus, and Giroux, 2004. (『길리아드』 마로니에북스)

Salzman, Mark. *Lying Awake*. New York: Vintage, 2000. (『아름다운 선택』 여성신문사)

Schmidt, Gary. *Lizzie Bright and the Buckminster Boy*. New York: Clarion, 2004. (『고래의 눈』 책과콩나무)

Schmidt, Gary. *Okay for Now*. New York: Clarion, 2011. (『그래도 오케이』 주니어RHK)

Schmidt, Gary. *The Wednesday Wars*. New York: Clarion, 2007. (『수요일의 전쟁』 주니어랜덤)

Schulevitz, Judith. "Bring Back the Sabbath." *The New York Times Magazine*, March 2, 2003.

Shattuck, Roger. *Forbidden Knowledge: From Prometheus to Pornography*. San Diego: Harcourt Brace, 1997. (『금지된 지식』 텍스트)

Sijie, Dai. *Balzac and the Little Chinese Seamstress*, trans. Ina Rilke. New York: Anchor, 2002. (『발자크와 바느질하는 중국소녀』 현대문학)

Steinbeck, John. *The Grapes of Wrath*. New York: Penguin, 2002. (『분노의 포도』 민음사)

Trillin, Calvin. *Remembering Denny*. New York: Warner, 1993.

Updike, John, and Katrina Kenison, eds. *The Best American Short Stories of the Century*. Boston: Houghton Mifflin, 1999. 특히 John Cheever의 "The Country Husband", Joyce Carol Oates 의 "Where Are You Going, Where Have You Been?", Raymond Carver의 "Where I'm Calling From", Tim O'Brien의 "The Things They Carried"를 보라.

Von Drehle, David. *Triangle: The Fire That Changed America*. New York: Atlantic Monthly, 2003.

Winner, Lauren. *Girl Meets God: On the Path to a Spiritual Life*. Chapel Hill: Algonquin, 2002.

# 주

**머리말**

1. Friedrich Schleiermacher, "Sermon at Nathanael's Grave", in *A Chorus of Witnesses*, ed Thomas G. Long and Cornelius Plantinga Jr.(Grand Rapids: Eerdmans, 1994), pp. 256-261. 이 설교는 이렇게 시작된다. "친애하는 친구 여러분, 이리로 와서 사랑하는 아들의 무덤 앞에 선 이 등 굽은 아비와 함께 슬퍼해 주십시오."

2. Daniel L. Migliore, *Faith Seeking Understanding*, 2nd. ed.(Grand Rapids: Eerdmans, 2004). (『기독교 조직신학 개론』 새물결플러스)

3. Frost, "The Pasture", in *The Poetry of Robert Frost: The Collected Poems*, ed. Edward Connery Lathem(New York: Henry Holt, 1969), p. 1. 내 친구이자 동료인 헐릿 글로어가 이 이미지를 일러 주었다.

4. http://writersalmanac.publicradio.org/

5. 수잔 펠치는 칼빈 대학의 영문학과 교수이자 Calvin Center for Christian Scholarship 소장이다. 존 윗블릿은 Calvin Institute of Christian Worship 소장이자 칼빈 대학과 칼빈 신학교의 예배학 · 신학 · 회중사역학 교수다.

6. Robert Caro, *Master of the Senate*, vol. 3 of *The Years of Lyndon Johnson*(New

York: Knopf, 2002), pp. 868-870.

7. 헐릿은 베일러 대학의 David E. Garland 석좌교수로 설교와 성경을 가르치고 있으며, Kyle Lake Center for Effective Preaching 소장, 베일러 로스쿨 초빙교수로 봉직하고 있다. 스캇은 칼빈 신학교의 Center for Excellence in Preaching 소장이다. 두 사람 모두 설교를 위한 독서에 관해 나에게 많은 가르침을 주고 있다.

### 1장. 대화로의 초대

1. http://www.pulitzer.org/citation/2011-International-Reporting

2. Paul Scherer, "This Tired World", in his *The Place Where Thou Standest*(New York: Harper, 1942), p. 3.

3. http://www.youtube.com/watch?v=531R4W48ggo

4. Reinhold Niebuhr, *Leaves from the Notebook of a Tamed Cynic*(New York: Word Publishing, 1957; reprint of 1929 ed.), p. 27.

5. Adrian M. Piper, "Impartiality, Compassion, and Modal Imagination", *Ethics* 101(1991): 739.

6. Endo, *Silence*, trans. William Johnson(New York: Taplinger, 1980). (『침묵』 홍성사)

7. Hosseini, *The Kite Runner*(New York: Riverhead, 2003). (『연을 쫓는 아이』 열림원)

8. Leo Tolstoy, "How Much Land Does a Man Need?" http://www.onlineliterature.com/tolstoy/2738/

9. http://www.newyoker.com/archive/2005/12/26/051226fi_fiction2?currentPage=all

10. Theodore Dalrymple, "Self-Esteem vs. Self-Respect", http://incharacter.org/features/theodore-dalrymple-on-self-esteem-vs-self -respect/

11. Joseph Epstein, "Narcissus Leaves the Pool", in his *Narcissus Leaves the Pool: Familiar Essays*(Houghton Mifflin, 1999), pp. 1-20.

12. L'Engle, *A Circle of Quiet*(New York: Seabury, 1972), pp. 148-149.

13. Robert Karen, "Shame", www.leadercenter.ru/Shame_Robert_Karen.doc

## 2장. 주의 깊은 예화 사용

1. 이 말은 복음서에 등장하는 참으로 주목할 만한 말씀을 암시하는 표현이다. 마가복음 5장에서 예수님은 귀신 들려 날뛰는 남자를 고쳐 주신다. 얼마 뒤 사람들은 "귀신 지폈던 자가 옷을 입고 정신이 온전하여 앉은 것을 보고 두려워……이에……예수께 그 지방에서 떠나시기를 간구"했다(막 5:15-17).

2. http://www.sermonillustrations.com/a-z/c/contentment.htm

3. Bargain Corner, *Grand Rapids Press*, September 17, 2011.

4. http://www.fourthchurch.org/sermons/2007/011407.html. 베리의 글은 *The Art of the Commonplace: The Agrarian Essays of Wendell Berry*(Berkeley, CA: Counterpoint, 2003), p. 313에서 인용했다.

5. http://www.fourthchurch.org/sermons/2008/021008.html

6. http://www.fourthchurch.org/sermons/2008/051108.html

7. William Willimon, "When Bad Things Happpen to Good People", in *The Collected Sermons of William H. Willimon*(Louisville: Westminster John Knox, 2010), p. 64.

8. Rutledge, "Christ vs. Adam: Kosovo and Beyond" and "The Faces of Love", in her *Help My Unbelief*(Grand Rapids: Eerdmans, 2000), pp. 40, 64.

9. William Willimon, "My Sin", in *The Collected Sermons of William H. Willimon*, p. 176.

10. 1997년, 의류 회사 캘빈 클라인의 법률고문이 칼빈 대학 앞으로 엄중한 어조의 편지를 보내와 말하기를, 칼빈이라는 이름을 더 이상 사용하지 말고 포기하라고 했다. 칼빈 대학은 당연히 이 요구를 거절했다.

11. Robert Caro, *Master of the Senate*, vol. 3 of *The Years of Lynden Johnson*(New York: Knopf, 2002), pp. 720-721.

12. Caro, *Master of the Senate*, epigraph.

13. Caro, *Master of the Senate*, p. 834.

14. Caro, *Master of the Senate*, pp. 155-156.

15. Caro, *Master of the Senate*, pp. 804-824.

16. Caro, *Master of the Senate*, pp. 868-870.

17. Caro, *Master of the Senate*, pp. 722-723.

18. 45분짜리 설교 말미에서 이 예화를 풍성하게 활용하든, 그보다 짧은 설교에서 요약해서 들려주든, 혹은 이 길고도 진기한 스토리를 다른 식으로 사용하든 마찬가지다.

19. Edwards, *Religious Affections*, vol. 2 of *The Works of Jonathan Edwards*, ed. John E. Smith(New Haven: Yale University Press, 1959), p. 99. (『신앙감정론』 부흥과개혁사)

20. Edwards, *Religious Affections*, p. 115.

21. John Steinbeck, *The Grapes of Wrath*(New York: Penguin, 2002), pp. 116-117. (『분노의 포도』 민음사)

22. 피터슨의 독서 습관과 관련하여 정평 있는 일화는, 일주일 독서 계획을 짜면서 예를 들어 '화요일과 목요일 오후 1시 30분부터 3시까지, 도스토옙스키'라고 적어 넣었다는 것이다. 이 시간에 그에게 전화를 거는 사람들은 이런 말을 들어야 했다. "죄송하지만, 지금 목사님은 서재에서 다른 손님을 만나고 있어요."

23. 벤 빌릿은 시인이자 작가인 캐슬린 노리스가 대학 신입생이던 시절 그녀에게 이 말을 했다. Kathleen Norris, *Amazing Grace: A Vocabulary of Faith*(New York: Riverhead, 1998), p. 9.

**3장. 설교자의 귀 조율하기**

1. Walter Brueggemann, *Finally Comes the Poet: Daring Speech for Proclamation*(Minneapolis: Fortress, 1989). (『설교자는 시인이 되어야 한다』 겨자씨)

2. Barbara Brown Taylor, *Home by Another Way*(Cambridge, MA: Cowley, 1999), pp. 28-29.

3. G. Robert Jacks, *Just Say the Word: Writing for the Ear*(Grand Rapids: Eerdmans, 1996).

4. Jacks, *Just Say the Word*, p. 38.

5. "Writers on Writing: Easy on the Adverbs, Exclamation Points and Especially Hooptedoodle", *The New York Times*, July 16, 2001.

6. 전문은 www.americanrhetoric.com/speeches/ekennedytributetorfk.html에서 볼 수 있다.

7. William Saroyan, "Resurrection of a Life" in *The Best American Short Stories of the Century*, ed. John Updike, expanded ed.(Boston: Houghton Mifflin, 1999), pp. 159-160.

8. Thomas McCormack, *The Fiction Editor, the Novel, and the Novelist*, 2nd ed.(Philadelphia: Paul Dry, 2006), p. 30.

9. William Maxwell, *All the Days and Nights: The Collected Stories*(New York: Vintage, 1995), p. x.

10. Richard Eslinger, *Pitfalls in Preaching*(Grand Rapids: Eerdmans, 1996), p. 12.

11. 조지 H. W. 부시 대통령이 Washington DC. Gridiron Club의 105차 연례 만찬 연설에서 행한 자기 풍자.

12. Khaled Hosseini, *The Kite Runner*(New York: Riverhead, 2003), pp. 86-93, 105-107.

13. "'Shut up!' he explained."

14. Gary D. Schmidt는 『고래의 눈』(*Lizzie Bright and the Buckminster Boy*, 2004), 『수요일의 전쟁』(*The Wednesday Wars*, 2007) 등의 작품으로 뉴베리상을 수상한 작가로, 칼빈 신학교의 Center for Excellence in Preaching 주관 아래 칼빈 대학에서 매년 여름 열리는 '창조적 설교를 위한 창의적 독서' 세미나에 정기적으로 방문하여 이와 같이 논평했다.

15. 이 부분은 존 윗블릿의 통찰에 빚진 바가 크다.

16. C. S. Lewis, *The Lion, the Witch and the Wardrobe*(New York: Scholastic, 1978), pp. 67, 80. (『사자와 마녀와 옷장』 시공주니어)

17. John Steinbeck, *East of Eden*(New York: Viking, 1952), p. 3. (『에덴의 동쪽』 민음사)

18. *Sex and the River Styx*(White River Junction, VT: Chelsea Green, 2011)에서.

19. "The magnificent Defeat", A Chorus of Witnesses, ed. Thomas G. Long and Cornelius Plantinga Jr.(Grand Rapids: Eermans, 1994), p. 10.

20. "Everything for Sale", *Books & Culture*, May/June 1998, p. 9.

### 4장. 지혜가 제일이니 지혜를 얻으라

1. Lewis B. Smedes, *A Pretty Good Person*(San Francisco: Harper & Row, 1990), p. 123.

2. Smedes, *A Pretty Good Person*, p. 128.

3. William Maxwell, "The Carpenter", in his *All the Days and Nights: The Collected Stories*(New York: Vintage, 1995), pp. 341-344.

4. Trillin, *Remembering Denny*(New York: Warner, 1993).

5. 이런 식의 표현은 로버트 C. 로버츠(Robert C. Roberts)에게서 빌려 왔다.

6. 수잔 펠치 교수는 칼빈 대학의 '창조적 설교를 위한 창의적 독서' 세미나에서 설교자들에게 이 「가족 묘지」란 시에 대해 명강의를 펼치고, 그때마다 설교자들은 자신의 목회 경험을 돌아보며 이 시의 테마가 다양하게 변주된 이야기들을 풀어 놓는다.

7. Roger Shattuck, *Forbidden Knowledge: From Prometheus to Pornography*(New York: Harcourt Brace, 1996), p. 1. (『금지된 지식』 텍스트)

8. Garret Keizer, *The Enigma of Anger: Essays on a Sometimes Deadly Sin*(San Francisco: Jossey-Bass, 2004). (『왜 자꾸 화가 나지?』 청년정신)

9. Chimamanda Ngozi Adichie, *Purple Hibiscus*, reprint ed.(Chapel Hill: Algonquin, 2012).

10. Daniel Goleman, *Vital Lies, Simple Truths: The Psychology of Self-Deception*(New York: Simon & Schuster, 1996).

11. 조셉 엡스타인은 『시스터 캐리』(*Sister Carrie*)와 특히 『아메리카의 비극』(*An American Tragedy*)에서 드라이저가 "아웃사이더로 산다는 게 어떤 기분인지 어느 누구보다도 처절하게 경험했음을, 그리고 욕망과 인간의 전적인 결핍 그 격렬함에 대해 그 어떤 작가보다 많이 알고 있음을" 보여 준다고 했다. Epstein,

"A Literary Education", http://www.newcriterion.com/articles.cfm/A-literary-education-3855

12. Robinson, *Gilead*(New York: Farrar, Straus, Giroux, 2004), p. 68. (『길리아드』마로니에북스)


**5장. 삶의 다양성에 대한 지혜**

1. Stephen Vizinczey, *An Innocent Millionaire*(Boston: Atlantic Monthly, 1985), p. 187.

2. Victor Hugo, *Les Miserables*(New York: Penguin, 1985), p. 793. (『레미제라블』민음사)

3. Paul Tillich, "Escape from God", http://www.godweb.org/shaking.htm

4. Hugo, *Les Miserables*, p. 200.

5. Hugo, *Les Miserables*, p. 1106.

6. David Duncan, *The Brothers K*(New York: Bantam, 1992), p. 132.

7. Duncan, *The Brothers K*, p. 133.

8. Duncan, *The Brothers K*, p. 134.

9. Jhumpa Lahiri, "A Real Durwan", in her *Interpreter of Maladies: Stories*(Boston: Houghton Mifflin, 1999), pp. 70-82. (『축복받은 집』마음산책)

10. Lahiri, "A Real Durwan", pp. 78-79.

11. Joseph Epstein, "A Literary Education", http://www.newcriterion.com/articles.cfm/A-literary-education-3855

12. Robert Schuller, *Self-Esteem: The New Reformation*(Waco, TX: Word, 1982). 자존감과 구원을 하나로 보면 혹 사람들이 자기중심주의에 빠지게 되지 않을까 염려되는가? 걱정하지 말라. 슐러가 또 이렇게 말했기 때문이다. "십자가가 여러분의 자아도취 행위를 성화시킬 것이다. 예수님의 경우가 그러했듯"(pp. 74-75).

13. Wells, *Losing Our Virtue: Why the Church Must Recover Its Moral Vision*(Grand Rapids: Eerdmans, 1998), p. 141. (『윤리실종』부흥과개혁사)

14. Epstein, "A Literary Education."

15. Epstein, "A Literary Education."

16. 나의 동료이자 전前 칼빈 대학 교목인 데일 쿠퍼가 즐겨 내놓는 의견이다.

17. Victor Klemperer, *I Will Bear Witness: A Diary of the Nazi Years*, 2 vols., vol. 1: 1993-1941, vol 2: 1942-1945, trans. Martin Chalmers(New York: Random House, 1998-1999).

18. Klemperer, *I Will Bear Witness*, vol. 2, p. 61.

19. 내 친구 엘리노어 스텀프가 이런 통찰을 내게 전해 주었고 클렘페러의 일기에 주목하게 해주었다.

20. Kathleen Norris, *Amazing Grace: A Vocabulary of Faith*(New York: Riverhead, 1998).

21. Norris, *Amazing Grace*, p. 110.

22. Norris, *Amazing Grace*, p. 111.

23. Mark Twain, *The Adventures of Huckleberry Finn*, http://classiclit.about.com/library/bl-etexts/mtwain/bl-mtwain-huck-3.htm (『허클베리 핀의 모험』 푸른숲)

24. Clyde A. Holbrook, *The Iconoclastic Deity: Biblical Images of God*(Lewisburg: Bucknell University Press, 1984).

25. Ron Hansen, *Mariette in Ecstasy*(New York: E. Burlingame, 1991), p. 31. (『수녀원의 비밀』 한나래)

26. 이 마지막 두 문장에 담긴 개념은 어떤 명석한 사람에게서 빌려 온 것인데 참고 자료를 잃어버렸다.

27. Ray Bradbury, "The Fog Horn", http://www.grammarpunk.com/lit/gp/THE_FOG_HORN.pdf

28. Ray Bradbury, "The Fog Horn."

**6장. 죄와 은혜에 대한 지혜**

1. W. Somerset Maugham, *Of Human Bondage*(New York: Bantam, 1991), p. 37. (『인간의 굴레에서』 민음사)

2. Maugham, *Of Human Bondage*, p. 38.

3. Maugham, *Of Human Bondage*, p. 39.

4. Answer 7.

5. 특히 『도덕적 인간과 부도덕한 사회』(*Moral Man and Immoral Society*)에서.

6. 『신학실종』(*No Place for Truth*, 1994), 『거룩하신 하나님』(*God in the Wasteland*, 1995), 『윤리실종』(*Losing Our Virtue*, 1999), 『위대하신 그리스도』(*Above All Earthly Pow'rs*, 2006), 『용기 있는 기독교』(*The Courage to Be Protestant*, 2008). 모두 Eerdmans에서 출간되었다(한국은 부흥과개혁사).

7. http://www.chicagotribune.com/news/local/breaking/chi-local-comfort-dogs-taken-to-connecticut-after-school-massacre-20121216,0,7533873.story

8. Flannery O'Connor, "The River", in *The Complete Stories of Flannery O'Connor*(New York: Farrar, Straus, and Giroux, 1971), pp. 157-174.

9. Flannery O'Connor, "Parker's Back", in *The Complete Stories of Flannery O'Connor*, p. 522.

10. John Steinbeck, *East of Eden*(New York: Viking, 1952), p. 85.

11. Fyodor Dostoevsky, *Crime and Punishment*, trans. Constance Garnett(New York: Random House, 1956), p. 19. (『죄와 벌』 열린책들)

12. Steinbeck, *The Grapes of Wrath*(New York: Penguin, 2002), pp. 153-162. 필자가 뒤에서 인용하고 의역한 부분은 pp. 159-162에서 발췌했다.

13. Gordon Beauchamp, "Apologies All Around", *The American Scholar*, Autumn 2007.

14. Kelly Clark, "On Apology and Forgiveness-Part Ⅱ: An Apology Offered with Grace and power", www.kellyclarkattorney.com/on-apology-and-forgiveness%E2%80%94part- ii-an-apology-offered-with-grace-and power/

15. Piet Meiring, *A Chronicle of the Truth Commission*(Vanderbijlpark: Carpe Diem, 1999), pp. 123-127.

**독자들을 위한 메모**

1. Steven Brill, "Bitter Pill", *Time*, March 4, 2013.